DON BOSCO

Monika Lehner

Den Herbst erleben

mit Ein- bis Dreijährigen

DON BOSCO

Gerne nehmen wir Ihre Anregungen, Wünsche, Kritik oder Fragen entgegen:
Don Bosco Medien GmbH, Sieboldstraße 11, 81669 München
anregungen@donbosco-medien.de
Servicetelefon: (089) 48008-341

Bibliografische Information der Deutschen Nationalbibliothek
Die Deutsche Nationalbibliothek verzeichnet diese Publikation in der Deutschen Nationalbibliografie; detaillierte bibliografische Daten sind im Internet über http://dnb.d-nb.de abrufbar.

2. Auflage 2012 / ISBN 978-3-7698-1952-6

www.donbosco-medien.de
Umschlag: Manfred Lehner, BlueCat Design
Umschlag- und farbige Innenillustrationen: Antje Bohnstedt, Bretten
Schwarz/weiß-Illustrationen: Jorina Hinrichs, Leipzig
Notensatz: Nikolaus Veeser, Schallstadt
Layout: ReclameBüro, München
Satz: Don Bosco Kommunikation, München
Druck: Don Bosco Druck & Design, Ensdorf

Gedruckt auf umweltfreundlichem Papier

Inhalt

Vorwort

„Es war eine Mutter, die hatte vier Kinder,
den Frühling, den Sommer, den Herbst und den Winter."
... und sie hatte alle vier gleich lieb!

Die Natur gibt uns „Leben aus erster Hand", sie ist der beste Lehrmeister. Einfach aus der Tür treten, sich hinein in die Natur begeben und die Welt so erfahren und erleben, wie sie ist: elementar, abwechslungsreich und nicht ganz kontrollier- und beherrschbar. Unmittelbar begegnen wir den Elementen, atmen die Luft ein, spüren den Boden unter den Füßen und das Wasser auf unserer Haut. Draußensein macht Freude und gibt Kraft. Es erfordert ganz eigene Fähigkeiten und vermittelt ganz eigene Erfahrungen. Die natürliche Lebenswelt wird immer mehr aus der heutigen Lebenswirklichkeit verdrängt. Rausgehen muss mehr und mehr geplant und terminiert werden. Fast alles lässt sich vom Haus aus erledigen und der einzige Weg nach draußen führt oft nur in die Garage. Wo also das Leben nicht mehr selbstverständlich draußen stattfindet, legen wir es bewusst ein Stück weit nach draußen, gerade mit und für die Kinder. Und fangen wir damit schon bei den Allerkleinsten an!

Wenn die meteorologischen und die „gefühlten" Jahreszeiten auch nicht immer übereinstimmen und das Idealbild der einzelnen Phasen im Jahr mehr den erinnerten Erfahrungen aus unserer Kindheit als der Wirklichkeit entspricht, leben und „fühlen" wir doch im Zyklus des Jahreslaufs. Frühling, Sommer, Herbst und Winter – in unseren Breitengraden verändern die Jahreszeiten die Natur und

unser Erleben in einem immerwährenden Kreislauf. Ohne Anfang, ohne Ende dreht sich der Jahreskreis. Werden und Vergehen, Bewegung und Stillstand. Licht und Farben wechseln ebenso wie Stimmungen und Beschäftigungen. Gerade diese elementaren Veränderungen sind für kleine Kinder eindeutig erlebbar und gut nachvollziehbar. Geben wir also schon kleinen Kindern die Möglichkeit, die Welt und die Jahreszeiten außerhalb der Zimmerwände in ihrem eigenen Tempo und gemäß ihren Interessen zu erkunden.
Unterstützen wir sie dabei, die Natur in ihren wechselnden Formen kennen zu lernen und zu erspüren. Dazu braucht es keine originellen oder spektakulären Events, sondern man muss nur ganz einfach, ganz elementar, oft und gerne nach draußen gehen. Zeigen wir den Kindern durch unsere eigene Freude, dass jede Jahreszeit auf ihre Weise schön ist. Denn viermal wechselt die Welt ihr Kleid – und wir dürfen die Natur, den Garten, den Wald oder den Stadtpark im Laufe eines Jahres viermal „neu“ erleben, gestalten und genießen. Was für ein Glück!

Monika Lehner

Goldene Herbstzeit

Herbst

Zwischen Sommer und Winter
liegt reifes Obst und
fällt das Laub.

Zwischen Sommer und Winter
liegt immer auch
viel Freude und Glück.

Seht nur, Kinder, der Herbst ist da!

Im Spielgarten ist der Sand nun kalt und meist nass, die Wiese ebenfalls. Morgens ist alles mit Tautropfen benetzt oder sogar mit eisigem Reif überzogen. Bäume und Sträucher werden bunt und schließlich kahl, Blätter liegen auf der Wiese oder sammeln sich vom Wind verwirbelt am Zaun entlang und in Nischen nahe beim Haus. Zwischen den Seilen der Schaukel spannt sich ein Spinnennetz, der Tau macht es sichtbar.
Bei Streifzügen in den Stadtpark oder in die ländliche Umgebung gehen wir durch raschelndes Laub. Krähen krächzen vernehmlich, Zugvögel sammeln sich, Eicheln und Kastanien liegen am Boden verstreut. Die glänzend glatten Kastanien sind in ein stacheliges Igelkleid gehüllt: „Ui, das pikst aber!“ Schatten und goldene Herbstsonne umhüllen uns abwechselnd, und manchmal tappen wir auch durch schier undurchdringlichen Nebel.

Wind und Sturm lässt sich freudig und stolz trotzen. Sie gehören zum Herbst genauso wie eine morgens schon empfindliche Kühle und nachmittags eine versöhnliche Wärme. ... und immer wieder noch ein „letzter" schöner Tag.

Der Herbst im Jahreslauf

Die warmen, satten Tage des Sommers gehen zur Neige und die Tage werden kürzer. Die Blätter färben sich und fallen. Obst und Gemüse sind reif und laden zur Ernte ein. So ist der Herbst eine Zeit der Fülle und hat doch immer das Ende dieser Fülle mit im Blick. Vorbereitung auf den Winter – die klassischen Herbstarbeiten sind Vorräte einlagern und draußen alles wind- und wetterfest machen. Ein alter Kinderreim verdeutlicht uns, dass die Zeiten nicht immer so gemütlich waren:

Ich will dir etwas sagen
von den kurzen Tagen
von den langen Wochen
da haben wir nichts zu kochen
als ein bisschen Sauerkraut
und darin einen Knochen.

Jede Jahreszeit hat ihre eigene Charakteristik, trägt jedoch immer auch ein wenig Wehmut an die vergangene, sowie Vorfreude auf die kommende Zeit in sich. Doch Eis und Schnee sind noch weit! Obwohl nun die Zeit ist, sich langsam zurückzuziehen, gilt es erst einmal, den Herbst als eigenständige, wunderbare Jahreszeit wahrzunehmen. Zeit für die Kinder, den Herbst mit seinen Farben und Freuden kennen und genießen zu lernen. Kleine Kinder bei ihrer Entdeckungsreise durch den Herbst zu begleiten, macht Freude und lässt auch uns Erwachsene die Jahreszeit immer wieder neu erleben.

Feste und Bräuche im Herbst

Erntedank und Sankt Martin – diese zwei Feste stehen im Herbst auf dem Kalender. Jenseits ihrer höheren Bedeutung hat jedes eine sehr sinnliche, schon für kleine Kinder unmittelbar verständliche Ausprägung.

Erntedank

Am ersten Sonntag im Oktober wird in der Regel das Erntedankfest gefeiert. Ein prall gefüllter Korb mit Acker- und Gartenfrüchten zeigt überdeutlich, wie viel uns die Erde schenkt. Dafür danken wir aus ganzem Herzen. Die Gaben werden geweiht und auch die Bitte um Segen für das nächste Jahr wird nicht

fehlen. Erntedank steht für das Bewusstsein, dass bei allem Fleiß der Menschen und oft hohem Einsatz von Technik doch immer auch die Natur und Gottes Segen zum Gelingen der Ernte notwendig sind.
Der Inhalt dieses Festes vermittelt sich schon kleinen Kindern, sobald sie in irgendeiner Form mit „Ernte“ in Berührung kommen. Immer wenn ein Kind wahrnimmt, dass das Essen nicht nur aus dem Supermarkt kommt, sondern direkt von der „Mutter Erde“ – vielleicht durch selbst gepflücktes Obst und eigenhändig aus dem Gartenbeet gezogene Karotten und Kartoffeln –, macht es diese grundlegende Erfahrung.

Sankt Martin

Am Ende des Herbstes, wenn die Dämmerung schon recht früh hereinbricht, finden die Lichterfeste zu Ehren des Heiligen Martin statt. Mit leuchtenden Laternen ziehen Kinder durch die Straßen, singen Laternen- und Martinslieder und freuen sich auf ein leckeres Martinsbrot oder einen Weckmann. Sankt Martin, der seinen Mantel teilte, um einem armen Menschen am Straßenrand zu helfen, gibt uns ein lebendiges Beispiel christlicher Nächstenliebe. Die Lichter in den Laternen der Kinder tragen dieses leuchtende Signal gelebter Mitmenschlichkeit weiter in die Welt und in die Herzen der Menschen.

Kleine Kinder erleben zunächst den Zauber des Lichterumzugs und die heimelige Atmosphäre beim anschließenden gemütlichen Zusammensein. Nach und nach wird sich ihnen die tiefere Bedeutung des Martinsfestes erschließen.

Allerheiligen

Anfang November, an Allerheiligen und Allerseelen, wird in besonderem Maße der Verstorbenen gedacht. Die Gräber werden mit Blumen und immergrünen Zweigen geschmückt. Brennende Kerzen zeigen die lebendige Erinnerung an die Toten. Man versammelt sich zu einer Andacht auf den Friedhöfen, die Familien treffen sich im Gedenken an ihre Verstorbenen. Hier nehmen kleine Kinder teil, ohne den tieferen Sinn der Zeremonie schon zu verstehen. Sicher nehmen sie jedoch die besinnliche und trauervolle Atmosphäre auf.
Geht man mit kleinen Kindern über einen Friedhof, so teilt sich ihnen die besondere Stimmung dieses Ortes auch schon mit. „Ganz leise ... die gestorbenen Menschen ruhen hier friedlich ... aber ihre Seele ist im Himmel und schaut von dort zu uns herab."

Traditionelle Herbstfreuden

Die traditionellen Volksfeste im Herbst drehen sich meist um die eingebrachte Ernte und den trotz aller Wehmut ausgelassen gefeierten Abschied vom Sommer. In Alpenregionen wird das Vieh reich geschmückt ins Tal hinabgetrieben. Dieser „Almabtrieb" ist stets eine Attraktion für die einheimische Bevölkerung und noch mehr für die vielen Gäste. Kirchweihfeiern mit Schmalzgebäck, Kirmes und verwegenen Langschaukeln stehen ebenso auf dem herbstlichen Terminkalender wie Kartoffel- und Weinfeste. München feiert mit der „Wiesn“, dem Oktoberfest, wohl das größte Herbstfest, mit zahlreichen kleineren Ablegern in anderen Städten. Und das aus Amerika eingewanderte Halloween, bei dem gruselig verkleidete Kinder um die Häuser ziehen, ist mittlerweile ebenfalls nicht mehr wegzudenken.

Herbstlicher Schmuck wird mehr und mehr zur Tradition. Ganz vorneweg steht der Kürbis, der auch in der Küche eine beachtliche Renaissance erfahren hat. Ob als Dekoration in seinen vielfältigen Formen oder ausgehöhlt und von innen mit Kerzenlicht beleuchtet, Kürbisse sind im Herbst allgegenwärtig. Aber auch Strohgebinde, buntes Laub, Hagebutten und Sanddornzweige, Trockenblumen und allerlei Herbstkränze schmücken Fenster und Hauseingänge. Dieser Herbst-

schmuck ergab sich in früheren, bäuerlichen Zeiten ganz von selbst. Die Körbe voller Erntefrüchte, die Zwiebelzöpfe und nicht zuletzt sauber aufgeschichtetes Brennholz an der Hauswand entlang sorgten aus der Notwenigkeit heraus für ein herbstliches, einladendes Gepräge.

Herbstzeit ist Wanderzeit! So sind ausgedehnte Wanderungen in der milden Oktobersonne – ob am See, in den Bergen oder in Feld und Heide – fester Bestandteil der herbstlichen Unternehmungen. Zeit, auszuspannen und einfache Dinge zu genießen. Ruhige Altweibersommertage wechseln mit Sturm und Wind, Papierdrachen flattern dann lustig in der Luft.

Mit kleinen Kindern den Herbst erleben

Wie sich die Welt verändert – Sinneserfahrungen im Herbst

Kleine Kinder lieben Wiederholungen und Verlässlichkeit. Das immer wieder gleiche Bilderbuch, möglichst mit den immer gleichen Worten und Pointen erzählt: Vorhersehbarkeit gibt Sicherheit.
Aber was macht die Welt, jenseits fester Räume und Rituale? Sie verändert sich. Sie bewegt sich in einem ewigen Kreislauf. Die Menschen müssen sich in ihr immer neu zurechtfinden, sich an Veränderungen anpassen. Die Jahreszeiten mit ihren charakteristischen Abläufen und Wettermerkmalen sind dafür ein schlichtes und doch sehr deutliches Symbol. Die Veränderungen in der Natur sind schon für kleine Kinder augenfällig und direkt erlebbar. Sie nehmen die fallenden Temperaturen wahr, ihr Schlaf-/Wachrhythmus reagiert auf das verkürzte Tageslicht. Sie spüren den Herbst mehr als sie ihn begreifen. Erst langsam entwickelt sich ihr Verständnis vom Jahreslauf und dem Kreislauf der Jahreszeiten.
Wie sieht die Natur nun aus im Herbst? Wie verändert sie sich nach den herrlich sorglosen Sommertagen. Wie bereiten sich Pflanzen und Tiere auf den kommenden Winter vor? Wie klingt und wie riecht der Herbst?

Kinder freuen sich am goldenen Herbstlicht ...

Die Tage werden spürbar kürzer. Bald ist es noch dunkel, wenn die Kinder aufstehen und in die Kita kommen, und oft schon wieder dunkel, wenn sie abgeholt werden. Die Umstellung von Sommer- auf Winterzeit Ende Oktober beschleunigt diese Veränderung schlagartig. Dieses Schwinden des Lichts ist für Kinder der offensichtlichste Wandel im Übergang vom Sommer zum Herbst. Ob es draußen dunkel oder hell ist, ob Mond oder Sonne am Himmel stehen, ist direkte elementare Erfahrung. Unterstützen wir die Kinder in diesem wertvollen Erlebnis, indem wir auch in der Dämmerung nach draußen gehen. Auch in den Räumen muss nicht ständig „Festbeleuchtung" sein. Gerade beim Ankommen darf in den Gruppenräumen noch eine kleine, gemütliche Dämmerstunde eingelegt werden. Bei indirektem oder gedimmtem Licht lässt es sich gut noch ein wenig kuscheln. Folgen wir mit den Kindern dem Tageslicht und dem angepassten Biorhythmus. So fördern wir ein natürliches Gespür für die jahreszeitlichen Hell- und Dunkelschwankungen.

... und auch am Schmuddelwetter

Es wird kühl draußen: Nebeltage und Nieselregen. Matsch- und Schmuddelwetter. Sturm. Der Herbst mit seinem „ungemütlichen" Wetter löst bei uns Erwachsenen oftmals gemischte bis ablehnende Gefühle hervor. Sie ist nicht immer golden, diese Jahreszeit zwischen Sommer und Winter, und in jedem Fall heißt es unwiederbringlich Abschied nehmen von der warmen, leichten Sommerzeit. Wir sollten den Kindern unser oft recht eindimensionales Empfinden zum Wetter nicht überstülpen: gutes Wetter, schlechtes Wetter – was heißt das schon?

Die innere Einstellung und Erfahrungsbereitschaft der Erwachsenen – Eltern und Kita-Personal – ist mit ausschlaggebend dafür, wie Kinder den Jahreszeiten begegnen. Lassen wir den Kindern ihre eigene Wahrnehmung der herbstlichen Wetterlagen – ohne Bewertung, ohne Urteil. Eine überlegte Wortwahl ist hier wichtig. „Wir gehen heute nicht hinaus, weil es so stark regnet“ hört sich besser an, als etwa drinnen zu bleiben, „weil schlechtes Wetter ist“. Und anstatt festzustellen „Heute ist es furchtbar neblig“ weisen wir die Kinder besser in staunendem Tonfall auf diese Naturerscheinung hin: „Schaut mal, Kinder, man kann vor dem Fenster ja gar nichts sehen!“

Kinder erleben zunächst einfach „Wetter“. Sie erleben alles neu und wollen und sollen ihre eigenen Erfahrungen machen, etwa ein Gespür für Regen entwickeln: Wolkenbruch, Nieselregen, Landregen – das hört und fühlt sich jeweils anders an. Und jedes einzelne Kind empfindet die Wetterphänomene auch unterschiedlich: Während die einen an kalten und nassen Fingern sehr leiden, frieren andere Kinder kaum und möchten lange ohne Handschuhe draußen sein. Genießen wir zusammen mit den Kindern den Herbst mit all seinen Facetten und degradieren ihn nicht zur Schlechtwetterphase – sind doch gerade nebelverhangene Landschaften besonders stimmungsvoll.

Warm, kalt und nasskalt – elementare Temperaturerfahrungen

Kleine Kinder machen im Wechsel der Jahreszeiten elementare Temperaturerfahrungen. Warm und kalt, trockenkalt und feuchtkalt, kühl und eiskalt, kalt mit oder ohne Wind – es gibt so viele Arten von kühler Witterung. Dies zu erfahren, am „eigenen Leib“ zu spüren, war einmal selbstverständlich. Niemand wäre auf die Idee gekommen, Wetter und Temperatur als besondere Erfahrung zu benennen. In unserer Lebenswelt – vorwiegend drinnen, schwankungsfrei beheizt und automatisch belüftet – hat sich das geändert. Kinder, besonders kleine Kinder, werden oft buchstäblich vor „jedem Lufthauch“ bewahrt. Diese gutgemeinte Behütung fördert weder die Gesundheit noch die Erfahrungsvielfalt. Selbstverständlich sollen Kinder nicht frieren! Aber den Unterschied zwischen warm und kalt zu spüren, darf und soll ihnen „zugemutet“ werden, und zwar direkt und draußen. Und wie wohlig und angenehm ist dann die Erfahrung, mit kalten Gliedern zurück ins Warme zu kommen!

Herbstfarben – gedeckt und erdig statt bunt

Im Herbst wandelt sich das satte Grün des Sommers in Rot-, Gelb- und Brauntöne. Die Blätter an Bäumen und Sträuchern färben sich. Wiesen und Rasenflächen verlieren ihr sattes Kleid und weit und breit sind keine bunten Blüten mehr zu sehen. Die Augen bekommen in der Natur jetzt mildere Reize. Die Schönheit ist da, doch nun will sie entdeckt werden.

Kinder werden heute mehr denn je auf einen bestimmten Farbgeschmack konditioniert. Vor allem kleinen Kindern unterstellt man die (ausschließliche) Liebe zu knalligen Farben. Fast vom ersten Tag an werden sie in bunte Strampler gehüllt, schlafen in bunten Bettwäschemotiven und die Kinderzimmer sind voll bunten Spielzeugs sowie mit bunten Wandbemalungen und Vorhängen ausgestattet – individuelle Farbvorlieben können sich so kaum entwickeln. Umso mehr heißen wir also gemeinsam mit den Kindern die eher gedeckten Erdfarben der herbstlichen Jahreszeit willkommen. Jede Farbe hat ihre eigene Stimmung, jede Farbe ist schön!

Den Herbst riechen und hören

Wer in der glücklichen Lage ist, auf ruhigen Wegen über Wiesen, Felder und an Hecken entlang laufen zu können, vermag den Herbst mit allen Sinnen zu erfahren. Über den abgeernteten Feldern hört man das heisere Krächzen der Krähenvögel im Nebel, und dicht und feucht übereinander liegendes Laub riecht ein wenig muffig und modrig. Auch das Getöse der Erntemaschinen und der Geruch des ausgebrachten Düngers gehören zum Herbst – zumindest auf dem Land. Wir unterstützen unsere Kinder in ihrer Sinneswahrnehmung, möglichst ohne Bewertung. Langsam und „vorurteilsfrei“ entwickeln Kinder ihr Repertoire an herbstlichen Gerüchen und Geräuschen, an die später oft ganz bestimmte Erinnerungen gekoppelt sind. So mag bei jedem ein etwas anders gefärbter Eindruck der Herbststimmungen entstehen.

Wetterfeste und bewegungsfreundliche Kleidung

Sandalen adé

Jede Jahreszeit erfordert zweckmäßige Kleidung, ganz abgesehen von der aktuell modischen Saisonfarbe. Im Herbst brauchen die Kinder feste Schuhe oder Gummistiefel, lange strapazierfähige Hosen, geräumige Jacken, gut sitzende Mützen und gelegentlich auch schon Handschuhe. Ein kurzer Schal verhindert, dass der Herbstwind an den empfindlichen Hals dringt.

Kinder sind von sich aus bewegungsinteressiert. Deshalb ist immer vorrangig, dass sie mit und in ihrer Kleidung wendig und gut beweglich sind. Reicht der Stiefelschaft bis zur Kniekehle oder sind die Schuhe zwei Nummern zu groß, weil „auf Vorrat" gekauft, können die Kinder nicht gut darin laufen und verlieren schnell die Lust an der Bewegung. Sind sie zu dünn angezogen, frieren sie und haben keinen Spaß an der „frischen Luft". Häufiger noch sind Kinder beim Jahreszeitenwechsel zu dick, in zu vielen Schichten gekleidet. Da sie dies noch nicht differenziert spüren bzw. ausdrücken können, bemerkt man oft erst beim wieder Auskleiden, dass sie vollkommen verschwitzt sind.
Die richtige Balance der jahreszeitlich angemessenen Kleidung ist gerade im Herbst schwer zu erreichen, zumal es beim Bringen und Abholen oft schon sehr kühl ist, tagsüber die Sonne aber noch richtig wärmt. Wir sollten versuchen, uns in die Kinder hineinzuversetzen und sie immer so anziehen, wie wir das auch selbst als angemessen und gemütlich empfinden würden.

Matschhose & Co.

Matschhose und Gummistiefel sind ein Segen bei Schmuddelwetter. Muss aber jeder kleinste Zugang zur kindlichen Haut mit gummiähnlichem Material geschützt werden? Es gibt gefütterte Matschhosen mit passender luftdichter Jacke, Regenhut, mit über den Nacken gehender Lasche oder unbedingt aufzusetzender Kapuze, zu tragen über einer Schlupfmütze, und gerne auch noch ein Fleece-Dreieckstuch um den Hals gebunden ... Maß halten ist auch bei der Outdoor-Kleidung der Kleinkinder geboten. Denn wie sollen die Kinder den Herbst und sein Wetter erleben, wenn sie komplett verpackt daherkommen?

Gelegentlich geht es bei der Schutzkleidung vielleicht auch darum, die schicke Jeans oder das rosa Kleid vor Schmutz zu bewahren. Für kleine Kinder eignet sich am besten robuste Kleidung, die auch einmal einen Grasfleck abbekommen darf. Passende, zweckmäßige Kleidung, die die Erfahrungsmöglichkeiten der Kleinen unterstützt, ist ein lohnendes Thema für einen Gedankenaustausch am Elternabend.

Lassen wir die Matschhose einfach einmal am Haken hängen und wechseln dann die feuchte Hose, wenn wir wieder in der warmen Stube sind. Sinneserfahrung und Welterfahrung sind wertvoll. Daher sollten die Kleinen vor elementaren Erfahrungen nicht immer und umfassend geschützt werden. Es macht eben einen Unterschied, ob die Rutsche trocken ist oder sich eine kleine Pfütze auf ihr gesammelt hat. Und kein aufwändig veranstaltetes Experiment zur Wirkung des Wassers kann deutlich machen, was passiert, wenn man im feuchten Gras seine Gummistiefel auszieht oder verliert. Die Socken werden nass und schmutzig und das Kind ist um eine wichtige Erfahrung reicher. Rasch neue, warme Socken übergezogen und die Tränen sind schnell getrocknet.

Umfassender Schutz gegen die „feindliche" Welt draußen?

Zwei weitere, eher philosophische Aspekte der „Matschmontur" seien noch erwähnt: Packen wir die Kinder immer, wenn sie das Haus verlassen, in Schutzkleidung, vermitteln wir einerseits: Draußen vor der Tür ist „bedrohliches Land", wovor man sich stets gut schützen muss. Andererseits suggerieren wir: Es gibt einen „umfassenden Schutz" gegenüber den Einflüssen der Welt. Achtsamkeit und aufmerksames Beobachten der Umwelt sind dann nicht notwendig, da keine wahrnehmbaren Folgen des eigenen Tuns erlebt werden. Ob Kinder an einer Pfütze vorbeilaufen, vorsichtig hindurchwaten oder mitten hineinspringen – sie *erleben* solchermaßen geschützt keinen nennenswerten Unterschied.

Raus in die Natur!

Erspüren, erleben und entdecken

„Erleben geht vor erklären“, dies sollten wir uns immer wieder ins Bewusstsein rufen und in der praktischen Arbeit auch wirklich nachhaltig umsetzen. Begeben wir uns den Kindern zuliebe und mit ihnen gemeinsam in die Natur und genießen ihren Reichtum. Beobachten die Kinder die Natur und alles, was sich in ihr bewegt und verändert, wird ihre Neugierde, ihr Interesse geweckt. Bilder, Gerüche und Geräusche prägen sich dabei tief ins kindliche Bewusstsein ein.

In staunendem Tonfall fragen wir die Kinder, ob sie eine Veränderung an den Zweigen der Bäume oder am Boden bemerken. Dabei muss nicht alles Wahrgenommene und Erlebte sofort, noch vor Ort, benannt und erklärt werden. Die Eindrücke sollen erst einmal einsinken dürfen. Zu einem späteren Zeitpunkt, vielleicht bei der Betrachtung eines passenden Bilderbuchs, wird „Kleinkindwissen“ zum Herbst und die Einordnung in einen größeren Zusammenhang, wie etwa der Kreislauf der Jahreszeiten, sozusagen „nachgeliefert“.

Die herbstlichen Stimmungen zu erleben, bedeutet wie in jeder anderen Jahreszeit zuallererst und ganz schlicht: Rausgehen, hinaus in die Natur, hinaus bei jedem Wetter!
Wann immer es sich einrichten lässt, gehen wir mit kleinen Kindern vor die Tür, vielleicht abwechselnd mit einem Teil der Gruppe. Dabei gehen wir lieber häufig und für eine kurze Dauer an die frische Luft, als selten und ausgiebig. Das zeit- und oft kräfteraubende Ankleiden der Kinder lohnt sich!

Kinder spielen und toben im Garten …

Im Spielgarten laden Sandkasten, Rutsche und Schaukel zu Spiel und Bewegung ein. Laufräder und Bobbycars sind ebenfalls meist sehr begehrt. Solange kein Schnee liegt, lassen sich diese Spielgeräte gut nutzen. Die herbstliche Luft weht den Kindern um die Nase, sie erleben das schräg einfallende Licht und die wechselnden Temperaturen. Vielleicht ist morgens noch eine dünne Eisschicht auf der Rutsche und so geht es geschwinder als gewohnt hinab. Das ist lustig, aber auch ein wenig gefährlicher als sonst. Da ist es gut, wenn unten jemand steht und die Kinder auffängt! Auch in den Sitzen der Schaukel und der Fahrzeuge haben sich kleine Pfützen gebildet. Wie kalt das Wasser doch ist!

Der eigene Garten ist natürlich der bevorzugt besuchte Draußen-Raum für die

Kinder. Es gibt keine langen Wege und eine klare, planbare Aufsichtssituation. Der Spielgarten ist in der Regel ein bewusst gestalteter, „eingerichteter" Raum. Im besten Sinne zweckorientiert nimmt er das Tun der Kinder planerisch bereits mehr oder weniger vorweg. Der Garten ist so etwas wie der nach draußen erweiterte Gruppenraum. Klar umgrenzt mit einem Zaun liegt er zwischen *drinnen* und *ganz draußen*. Die Spiel- und Bewegungsgeräte haben großen, oft unwiderstehlichen Aufforderungscharakter. Man sollte sich aber dessen bewusst sein, dass Kinder auch Abwechslung und nicht vorstrukturierte Bewegungs- und Erfahrungsmöglichkeiten brauchen. Kinder müssen die Gelegenheit haben, zu schauen und erst einmal zu überlegen, was sie machen können und wollen. Sie brauchen den Freiraum – räumlich und zeitlich – einfach nur in der Wiese sitzen oder um einen Baum herumlaufen zu können.

... oder machen sich auf den Weg

Eine ganz andere, weniger vorhersehbare Erfahrungswelt bietet sich den Kindern, wenn sie den Gartenzaun hinter sich lassen. In kleinen Gruppen oder im großen Pulk machen wir uns auf den Weg. Ein rasches Vorwärtskommen ist von einer Gruppe kleiner Kinder nicht zu erwarten. Viel zu spannend ist der Weg! Kastanien, Eicheln und Haselnüsse gilt es aufzusammeln, eine Schnecke mit Haus zu beobachten und das Laub wird raschelnd durchwatet. Alles will entdeckt werden, und so wird der Weg tatsächlich zum Ziel. Wir geben den Kindern möglichst viel Zeit für all ihre Entdeckungen. So sammeln sie unmittelbare Herbsterfahrung – vielleicht mehr als uns zu erklären und zu vermitteln möglich ist. Das größte Glück haben Kinder, wenn sie einen Feldweg, einen Pfad zwischen Wiesen und Sträuchern zur Verfügung haben. Ein kleines Stück Weg, auf dem sie frei, nicht immer an der Hand eines Erwachsenen, laufen können – ohne dauernde Ermahnungen und Hinweise auf drohende Gefahren. Da zeigt sich die Welt als sicherer und aufregender Ort zugleich. Eine Erinnerung an das ehemals mögliche und übliche „Umherstreifen“ der Kinder.

Kleine „Ausflüge“ mit Kindern

Regelmäßige Spaziergänge in die nahe Umgebung erweitern das Sichtfeld, den Bewegungsradius und damit die Erfahrungswelt der kleinen Kinder. Nebenbei erleben Kinder die so selten gewordene Mobilität „aus eigener Kraft“. Steuert man einen bestimmten Zielort an, muss dieser keineswegs spektakulär oder immer neu sein. Ein Spaziergang bezieht seine Qualität aus sich heraus: Bewegung an der frischen Luft, Fortbewegung mit oder ohne Ziel, Abwechslung zum Alltag, Ortswechsel, Veränderung des Blickwinkels.

Die Kinder erleben sich als Teil der Welt und bewegen sich in dieser zweckfrei bestehenden Umgebung, die bewältigt werden will und muss. Sich einem in der

Ferne sichtbaren Ziel, etwa ein markanter Baum, zu nähern, braucht Zeit und Anstrengung. Je näher man kommt, umso größer und deutlicher wird der Baum. Ist man schließlich angelangt, ist man um ein echtes Erfolgserlebnis reicher. Vielleicht liegt auf dem Weg der Kinder auch ein kleiner Hügel, den sie „erklimmen“ können: Immer wieder hinauf- und hinunterlaufen oder sich der Länge nach hinlegen, um sich herunterkullern zu lassen. Einfache Freuden mit großem Effekt!

Drachensteigen und kleine Kinder

Ein Papierdrachen, der an einer dünnen Schnur hoch oben in der Luft schwebt und einen bunten Schwanz mit Papierschleifen hinter sich herschlängelt, ist eines der stärksten Bilder, das zum Herbst und seinen Stürmen gehört. Aber gehört es auch schon zu den kleinen Kindern? Entspricht es ihrer Erfahrungswelt und ihrem motorischen Entwicklungstand? Oder sind es nicht vielmehr wir Erwachsene, die es kaum erwarten können, zusammen mit den Kindern zum Drachensteigen loszuziehen? – Es muss nicht die ganze Palette an möglichen Ideen und Spielen schon bis zum dritten Lebensjahr „abgehakt“ werden. Lassen wir unseren Kindern die Freude am Drachen basteln und die notwendige Geschicklichkeit beim Drachenspiel dann entdecken und entwickeln, wenn sie selbst so weit sind.

Kinder auf herbstlicher Entdeckungsreise

Wiese, Feld oder Hecke, Stadtpark oder Wald – besonders im Herbst gibt es überall viel zu sehen und zu erkunden. Die Welt wird irgendwie durchsichtiger. Abgeerntete Maisfelder geben den Blick auf den Horizont wieder frei und die im Sommer dicht belaubten Baumkronen lassen nun ihr kahles Geäst sehen.

Die Blätter verfärben sich und fallen auf die Erde, die Zapfen der Nadelbäume liegen verstreut am Waldrand, ebenso wie andere Baumfrüchte. Kastanien schälen sich braun-glänzend aus ihren Stachelschalen und ein paar Haselnüsse werden zwischen zwei Steinen geknackt und gleich an Ort und Stelle gekostet. Vielleicht findet sich irgendwo ein altes, aber noch intaktes Vogelnest, das wir gemeinsam betrachten können. Auch ein übriggebliebener Maiskolben am Feldrand ist ein höchst interessantes Fundstück. Ein paar Körner wurden schon von den Vögeln herausgepickt, aber es bleiben noch genug übrig für die kleinen Forscher. Hagebutten leuchten rot zwischen dornigem Gebüsch. Allerlei Zweige und Äste liegen verstreut und werden von den Kindern gerne aufgesammelt und mitgeschleppt. Herbst ist die Zeit der Reife und Fülle – es gibt so viel zu sehen. Machen wir uns mit den Kindern auf zu kleinen Erkundungsreisen.
Entdecken wir gemeinsam mit den Kindern im Kleinen das Große. Endecken wir, was die Natur uns zeigt und schenkt.

Herbstlaub

Zu den sichtbarsten Erscheinungen des Herbstes gehört die Blätterfärbung der Laubbäume und Sträucher. Was noch vor kurzer Zeit in vollem Saft und sattem Grün stand und Früchte trug, verfärbt sich ins Rote, Gelbe und Bräunliche und wird schütter. Die Kräfte und Säfte ziehen sich

zurück, das Laub welkt und fällt zur Erde und kehrt in den immerwährenden Zyklus der Natur zurück.
In unserem Garten darf Laubgehölz auf keinen Fall fehlen. Die Kinder können in der unmittelbaren Naturbeobachtung den Jahreszeitenlauf sowie den Naturkreislauf miterleben. Anders als im Gemüsegarten oder im Hochbeet (siehe *Das Gartenbeet im Herbst*, Seite 37ff) vollziehen sich diese Kreisläufe hier ohne menschliches Zutun. Die Natur waltet hier selbst und zu ihrem eigenen Zwecke: Wechsel von Wachstums- und Ruhephasen, Werden und Vergehen. Ob im Garten, im Park oder einfach am Wegesrand – der Herbst kleidet mit seinen Stimmungen unsere gesamte Umgebung in sein Gewand.

Kinder haben an *jeder* Jahreszeit ihre Freude. Die Melancholie, die wir Erwachsenen mit dem herbstlichen Schwinden der Kräfte und Farben verbinden, ist Kindern fremd. Lassen wir ihnen die Freude und unbefangene Wahrnehmung ihrer Umwelt. Vielleicht gewinnen auch wir Erwachsene durch die Kinderaugen (wieder) einen bejahenden und freudigen Umgang mit der dritten Jahreszeit.

Tummeln und Spielen im Laub

Herbstlaub lässt sich sammeln, pressen und zu ansprechenden Basteleien verarbeiten. Aber auch ohne direkte „Verwendung“ gibt es uns und den Kindern sehr viel. Herabgefallenes Herbstlaub lädt ein zum Spielen und Tummeln in der Natur. Wir unterstützen die Kinder dabei durch Ideen und Anregungen rund ums Laub.

Unsere Kinder

- laufen, waten, krabbeln durch raschelndes Laub,
- schichten Berge von Laub auf und verwirbeln sie wieder mit großem Hallo in der Luft,
- sammeln Laub in großen Körben und kippen sie immer wieder um,
- springen in Laubberge,
- legen sich in ein Bett aus Laub,
- schütteln Äste und beobachten das fallende Laub,
- ducken sich unterm Laubregen und es macht ihnen gar nichts aus, wenn einzelne Blätter im Haar oder in der Kapuze hängen bleiben.

Oder wir tun es den Eichhörnchen gleich und verstecken (und finden) allerlei unter dem Laub und bauen gemeinsam mit den Kindern einen kuscheligen Überwinterungsplatz für den Igel.

Laubarbeiten

Ist es gar zu viel Laub, können die Kinder mit anpacken und die Blätter mit kleinen Kinderrechen zusammenfegen oder in Körbchen zum Kompost bringen. Im kommenden Frühjahr zeigen uns dann fleißige Kompostwürmer ihr Werk und wir können zusammen erstaunt die Verwandlung des Laubs zu Erde beobachten.

Denken wir daran, dass nicht alles Laub und noch das letzte Blättchen beseitigt werden muss. Laub ist kein „Schmutz“, sondern ein wertvoller Rohstoff der Natur.

Die fallenden Blätter düngen den Boden und geben ihm so viel von der in der Wachstumsphase dem Boden entnommenen Kraft zurück – ein natürlicher Kreislauf. Wir rechen also das Herbstlaub unter die Büsche und lassen dem Wind und den Kindern ein wenig übrig für ihr Spiel.

Sammeln – ganz altes Tun

Für kleine Kinder sind alltäglichste Dinge spannend und damit wert, aufgesammelt und in Hosen- und Jackentaschen gesteckt zu werden. So gehört im Zusammensein mit Kindern das Sammeln in der Natur zu den unverzichtbaren Tätigkeiten im Herbst. Blätter in allen Herbstfarben, Kastanien, Eicheln, Hagebutten, Haselnüsse und natürlich Stöcke jeglicher Größe – Kinder verfügen über einen beachtlichen Sammeltrieb. Während wir Erwachsene bereits die Verwendung des Sammelguts vor Augen haben, sind die Kinder ohne Plan und voller Freude in ihrem zweckfreien Tun.

Sammeln in der Natur – sich von etwas angezogen fühlen und es für sich auf- und mitnehmen – muss nicht initiiert und nahegelegt werden. Die Kinder folgen mit dieser Tätigkeit einem ganz alten Programm. Sammeln von Lebens- und Gebrauchsmitteln hat etwas Archaisches. Ganz von selbst füllen sich die Taschen der Zwei- und Dreijährigen mit Steinen, Tannenzapfen, Sämereien und Blättern.

Wir lassen und fördern das Tun der Kinder und führen daher auf unseren herbstlichen Spaziergängen immer eine Tasche oder ein Körbchen mit. All die gesammelten Schätze, die in den Jackentaschen keinen Platz mehr finden, nehmen wir mit in die Kita – ob mit oder ohne mitgedachten späteren „Verwendungszweck“ für eine Bastelarbeit. Ist eine Herbstbastelei begonnen oder die Blätterpresse schon zum Einsatz gekommen (siehe *Herbst-Basteleien mit Blättern und Früchten*, Seite 67ff), werden einige Kinder die Sammeltätigkeit ganz von selbst auch zweckorientiert begreifen.

Zwei- und Dreijährige äußern oft den spontanen Wunsch, gefundene Zapfen und Zweige mit nach Hause zu nehmen. Nachdem das Sammelgut vom Kind in die Kita getragen wurde, deponieren wir es am Garderobenplatz des Kindes. Wird es beim Abholen vergessen, ist es auch kein Schaden. Der Impuls des Kindes war spontan und in der Situation ganz echt und wirklich ... und am nächsten Tag findet sich bestimmt etwas neues Spannendes.

Pflanzen, Früchte und Tiere betrachten

Auf den Streifzügen der Kinder erscheint der Herbst als Gesamtbild und Vergänglichkeit wird spürbar. Betrachten wir Pflanzen und Früchte etwas ausführlicher, zeigen sich im Detail die herbstliche Reife und Fülle besonders augenfällig. Wir bleiben an einem Strauch eine Weile stehen und bemerken die unterschiedlichen Stadien der Laubfärbung. Neben noch saftig grünen Blättern sind andere fleckig und welk. Der Übergang vom Grün über Gelb zu Rot oder Braun wird sichtbar. Aber auch am Boden unter dem Strauch liegen Blätter verstreut – trocken raschelnd oder feucht und modrig aneinanderklebend. Hebt man die Blätterschicht auf, zeigen sich auf der dunklen Erde oft viele kleine Schnecken, die Schutz im feuchten Klima suchen. Eine kleine Welt tut sich auf. Wir schauen genau hin. Und wie fühlt sich das an?

Sonnenblume

Haben wir im Frühjahr ein paar Sonnenblumenkerne gesteckt, sind diese nun zu stattlichen Blumen herangewachsen. Ihre Blätter sind welk und die Blütenblätter mehr braun als gelb, und auch die Sonnenblumenscheibe mit ihren unzähligen Körnern ist reif. Besteht keine Möglichkeit zum Selbstanbau, behilft man sich mit einer gekauften Sonnenblume. Im Herbst werden sie häufig auch als Topfpflanze angeboten. Diese eignen sich besonders zur näheren Betrachtung, da von der Wurzel bis zur Blüte alles dabei ist.

Wir schneiden die Blüte samt einem Stück des holzigen Stängels ab und betrachten sie im Kreis: Stängel, unterer Blütenboden, äußere und innere Blütenblätter und schließlich die Samenkörner, wie sie in der großen Scheibe sitzen, in vollkommener Harmonie angeordnet.

Nun tun wir es den Amseln gleich und picken ein paar Körner aus der Scheibe. Das geht gar nicht so leicht! In ihren dunklen Schalen mit feinen weißen Streifen liegen die Samen vor uns. Ein leichter Druck mit Daumen und Zeigefinger lässt die Schale springen und das weiche Innere kommt zum Vorschein. Nachdem wir für alle ein paar Sonnenblumenkerne ausgepult haben, lassen sich die Kinder die schmackhaften Samen schmecken. Anschließend bereiten wir eine kleine Zwischenmahlzeit mit Sonnenblumenbrot zu – ein schöner ganzheitlicher Nachklang zur Naturbetrachtung.

Einige Samenkörner werden sorgfältig in ein Schraubglas gefüllt. Aus ihnen wachsen im nächsten Frühjahr neue große Blumen. Da eine Sonnenblume mehr als genug Samen produziert, bleiben noch viele übrig. Wir bringen die reife Sonnenblumenblüte ins Trockene, um sie für die hungrigen Vögel im Winter aufzubewahren.

Kürbis

Ein Kürbis ist ein wahres Wunderding an Farbe und Größe. Es gibt zahllose Sorten, vom kleinen „Hokkaido" bis zum „Gelben Zentner". Welche Sorte wir auch mit den Kindern einer genaueren Betrachtung unterziehen, zunächst schauen wir ihn von außen an. Wie ist die Schale beschaffen und welche Farbe hat sie? Vielleicht hängen noch ein paar Blätter der Kürbispflanze am Stängel, und am Boden des Kürbisses ist ein kleiner Knopf, auf dem einmal die Blüte saß. Die Schale ist fest, so dass man ein wenig darauf herumklopfen kann. Durch den inneren Hohlraum entsteht ein bestimmter Ton. Wie klingt unser Kürbis?
Nun teilen wir die große Frucht mit einem Messer und betrachten ihr Inneres: Goldenes, hartes Fruchtfleisch liegt unter der Schale. Innen finden sich in einem mehr oder weniger schleimigen Gespinst von Fruchtfäden zahllose flache Kerne. Jedes Kind kann daran schnuppern und den leicht muffigen Geruch wahrnehmen. Wer mag den Kürbis anfassen, das feste Äußere und das weiche Innere? Ein seitlich abgeschnittener Schnitz wird in kleine Würfel geteilt. Jedes Kind bekommt ein Stück zum Anfassen oder Reinbeißen. ... Aber das verführerisch aussehende Fruchtfleisch ist ja ganz hart und schmeckt ein wenig komisch!? – Richtig, der Kürbis muss erst zubereitet werden, dann entfaltet er seinen wunderbar herbstlichen Geschmack. Erfahrung mit allen Sinnen! Wer hilft in der Küche mit? (siehe *Herbstliche Gaumenfreuden*, Seite 80ff)

Eichhörnchen & Co

Tiere, ob Eichhörnchen, Vögel oder Igel, gönnen uns keinen genauen Blick auf ihr Leben und Tun. Sie sind scheu und sehr vorsichtig. Flitzt in unserem Garten dennoch einmal ein Eichhörnchen von Baum zu Baum oder tummelt sich ein Igel zwischen den Sträuchern, so versuchen wir die kleinen Geschöpfe so gut und so lang wie möglich zu beobachten. Das spontane Interesse kleiner Kinder für die Erforschung der Welt zeigt sich besonders in ihrer Beigeisterung für ihre tierischen Mitgeschöpfe. Instinktiv gehen sie nah und mit lauten Freuderufen an Tiere heran. Dass diese gerade dadurch sicher vertrieben werden, ist nur natürlich. Denn Naturbeobachtung bedeutet auch: Leise sein, sich nicht bewegen, abwarten. Das entspricht ganz und gar nicht der natürlichen Haltung kleiner Kinder. Sie brauchen das noch nicht zu verstehen und nicht zu können, aber machen eine wichtige erste Erfahrung mit Wildtieren. Vorerst erleben sie das Eichhörnchen und seine Freunde mehr in Darstellung und Erzählung als in ihrer natürlichen Lebenswelt.

Das Eichhörnchen mit seinem buschigen Schwanz ist besonders geeignet, um kleinen Kindern ein Tier im Herbst zu veranschaulichen. Das putzige Tier ist nicht nur ein beeindruckender Kletterkünstler, sondern auch ein Meister der Vorratshaltung. Seine herbstliche Ernte besteht aus Eicheln und Nüssen. Das Eichhörnchen vergräbt seine Schätze unter Bäumen und Sträuchern und muss so in der schneereichen und erntearmen Zeit nicht Hunger leiden. Es kann ganz beruhigt hoch oben in einer Eiche in seinen Kobel schlüpfen und schlafen, bis es wieder hungrig ist. Hoffentlich findet das Eichhörnchen alle seine Vorräte wieder!

Das Gartenbeet im Herbst

Herbstzeit ist Erntezeit

Der Herbst ist für kleine Gärtner eine besonders intensive Phase: ernten, düngen und winterfest machen. Selbst die ganz Kleinen können schon bei der Gartenarbeit mithelfen. Mit den Händen in der Erde zu wühlen, ist sinnlich und elementar zugleich. Aber auch einfach dabei zu sein, ist von großer Bedeutung. Durch beobachtende Teilnahme und aktive Tätigkeit sind die Kinder mit im Geschehen. Sie buddeln die reifen Kartoffeln aus dem Hochbeet und mit gemeinsamer Anstrengung werden Karotten und Rote Beete aus der Erde gezogen. Ist die Tomatenstaude nach einem frühen Frost ganz matschig geworden, schneiden wir sie kurz über der Erde ab und bringen sie zum Kompost oder zur Biotonne. Der restliche Stil

wird aus der Erde gezogen und so kann das feinverzweigte Wurzelgeflecht betrachtet werden. Die Petersilie kann noch stehen bleiben. Sie versorgt uns noch lange mit frischem Grün. Auch die kleinen Röschen vom Feldsalat bleiben noch in der Erde. Ihre Zeit ist noch nicht gekommen. Lauch, Rosen- und Grünkohl müssen ebenfalls noch auf ihre Ernte warten. Diese Gemüsesorten entfalten ihren vollen Geschmack erst, wenn sie einmal starken Frost erlebt haben. So gibt es rund um das Gemüsebeet im Herbst viel zu tun, aber auch viel zu lernen und zu staunen.
Sollten wir gar keine kleine Ecke unseres Gartens für ein Beet erübrigen können, bietet sich ein herbstlicher Ausflug in eine Gärtnerei an, zu einem Gemüsebauern oder zum Hausgarten eines Kindes. Gemeinsam ziehen wir los, im Bollerwagen stapeln sich Schaufeln und Erntekörbe.

Nach der anstrengenden Erntearbeit legen wir das Gemüse in ein vorbereitetes Körbchen und betrachten es noch einmal eingehend im Kreis, während wir unsere Tätigkeiten im Garten gemeinsam rekapitulieren. Die Karotten werden unter fließendem Wasser sorgfältig abgebürstet und in dünnen Scheiben als Rohkost genossen. Und an einem der nächsten Tage bereiten wir aus der eigenen Ernte eine schmackhafte Gemüsesuppe zu. Eigenes Handeln und Beobachten – so erleben kleine Kinder, woher die Nahrung stammt.

Kartoffelernte

Die unerlässliche Vorbereitung für herbstlichen Erntesegen liegt schon fast ein halbes Jahr zurück: Im Frühjahr wird eine mittelgroße Biokartoffel (je nach vorhandenem Platz auch mehrere) ins Beet oder in einen Pflanzbottich eingesetzt, die bis zum Herbst zu einer hohen Kartoffelstaude heranwächst. Fängt die Staude zu welken an und vertrocknet, ist die Zeit der Ernte gekommen. Da die Kinder schon das ganze Jahr über die Tätigkeiten im Gartenbeet beobachtet oder fleißig mitgeholfen haben, beziehen wir sie natürlich besonders bei der Erntearbeit mit ein, dem Ziel unserer gärtnerischen Bemühungen. Gemeinsam werden die Staudenreste aus der Erde gezogen und nach dem Erntegut gebuddelt. Was für eine Freude, eine Kartoffel eigenhändig aus der Erde zu ziehen!
Um sicher zu gehen, dass es keine Enttäuschungen gibt, legen wir ausreichend (gekaufte Biokartoffeln) in die Erde rings um die Kartoffelstaude. Dieser kleine Schwindel sei erlaubt, damit jedem Kind ein kleines Ernteglück beschieden ist.

Entnehmen und Geben

So wie wir von der Natur mit Früchten und Gemüse aller Art großzügig versorgt werden, so geben wir ihr auch etwas zurück. Wir danken für die gute Ernte. Wir behandeln die Erde und die Pflanzen mit Sorgfalt und Achtung. Wir verteilen gemeinsam mit den Kindern Komposterde (selbst aufgesetzt oder gekauft) als Dünger und Nahrung für das Beet und bedecken die Krume mit einer wärmenden und schützenden Mulchschicht aus Stroh und Rasenschnitt. So kann sich der

Boden regenerieren, um uns im nächsten Jahr wieder mit frischen Kräutern und allerhand Gemüse zu versorgen.

Das herbstliche Tun im Garten zeigt den ewigen Naturkreislauf und vermittelt sehr deutlich, dass nicht alles selbstverständlich ist. Viel Beständigkeit, Arbeit und Segen sind notwendig, um eine gute Ernte zu erhalten. Schön, wenn schon kleine Kinder ein wenig an dieser elementaren Erkenntnis teilhaben dürfen.

Mit kleinen Kindern den Herbst gestalten

Draußen – in Sturm und Wind und Blätterregen – kann man den Herbst, sein goldenes Licht und dieses gewisse Gefühl von Abschied und Übergang, erleben. Doch gibt uns der Herbst auch reichlich Inspiration sowie jede Menge Naturmaterial, um den Eindrücken der Jahreszeit mit Melodien und Geschichten nachzuspüren und unsere Räume herbstlich zu schmücken.

Geschichten und Bilder zum Herbst

Imagination herbstlicher Erlebnisse

Da für kleine Kinder die Vorstellung, die sie sich von der sie umgebenden Welt machen von besonderer Bedeutung ist, unterstützen wir sie immer wieder in ihrer Imagination. Erlebtes wird dabei noch einmal in der Fantasie nachgespielt oder wir nähren die reine Vorstellung, indem wir erdachte Erlebnisse plastisch erzählen und mit entsprechenden Bewegungen begleiten. Kleine Kinder brauchen keineswegs immer Bilder. Im Gegenteil, ohne vorgefertigte Bilder wird die Vorstellungskraft besonders angeregt und entwickelt.

Nacherzählen – nacherleben

Nachdem wir von einem herbstlichen Spaziergang zurückgekehrt sind, alle Jacken, Hosen, Schuhe und Mützen wieder gut verstaut sind und die Kinder ein wenig gespielt haben, sammeln wir uns im Kreis. Nun heißt es: „Was haben wir heute gemacht, was haben wir gesehen und erlebt?“ Es folgt eine Mischung aus Nacherzählung des gemeinsamen Spazierganges und den kleinen Beiträgen der Kinder. Oft zeigt uns nur ein Wort oder eine Geste, was gerade für *dieses* Kind besonders einprägsam war. Während sich für das eine Kind eine am Wegesrand aufgelesene Haselnuss als stärkste Erinnerung erweist, war dies für ein anderes eher Nebensache. Dieses erinnert dafür ein lautes Motorengeräusch und erzählt noch lange davon: „... war laut!“. Denn gehen auch alle den gleichen Weg, so erlebt doch nicht jeder das Gleiche! Nacherzählen und Nacherleben verdeutlicht und vertieft Eindrücke und Erinnerungen und unterstützt die Kraft der Vorstellung sowie die Sprachentwicklung.

Herbstlicher Fantasieausflug

Wir sitzen gemeinsam im Kreis und die Kinder lauschen einer Geschichte, die sie mitnimmt nach draußen zu einem herbstlichen Spaziergang. Wir tragen mit Empathie vor, nehmen die Anregungen der Kinder mit hinein und stellen den Erzählinhalt mit beredten Geräuschen, Gesten und Bewegungen dar. Vor allem lassen wir uns selbst von unserer Fantasie berühren und mitnehmen. Die Kinder bewegen sich dabei keinen Zentimeter vom Fleck und erleben doch einen weitschweifigen Herbstausflug voller Überraschungen. Es trägt uns allein die Fantasie!

Heute stürmt es draußen vor der Tür. Hui, wie der Wind bläst und der Regen an die Fensterscheiben klopft! *(Pusten und mit den Fingern trommeln)* Wir ziehen unsere Gummistiefel an und die Regenhose. Auch die Jacke dürfen wir nicht vergessen. *(Pantomimische Darstellung)* Der Reißverschluss geht nicht zu. Wer kann mir bitte helfen? *(Alle helfen sich gegenseitig.)* Vielen Dank! Jetzt fehlt nur noch eine Mütze! Wo hat sie sich nur wieder versteckt? *(Alle suchen hinter und neben sich.)* Ah, da ist sie ja! Schnell auf den Kopf gesetzt und schon laufen wir zur Tür. *(Füße tapsen am Boden, usw.)* Die Tür geht schwer auf, aber wir strengen uns mächtig an und schaffen es. Gemeinsam gehen wir hinaus in den Herbst …

… der Regen tropft uns ins Gesicht,
… wir waten durch Pfützen,

… wir springen über und in die Pfützen und Wasser spritzt auf,
… da kommt die liebe Sonne aus den Wolken und trocknet die Erde,
… ein Regenwurm ringelt sich auf dem Weg,
… wir hören das Laub rascheln
… und werfen die Blätter wirbelnd in die Luft,
… unter dem Laubhaufen entdecken wir einen Igel,
… wir möchten ihn streicheln, doch er rollt sich zusammen. Ui, wie das pikst!
… Da kommt kühler Wind auf, wir reiben uns die Hände in der Kälte,
… ein Windstoß bläst uns die Mütze vom Kopf,
… wir laufen ihr nach und wollen sie erwischen,
… hoch oben im Baum hat sie sich im Geäst verfangen,

… wir klettern hinauf und holen sie,
… da sehen wir ein Eichhörnchen von Ast zu Ast springen,
… es wirft Eicheln auf die Erde,
… wir klettern rasch hinunter und suchen im Laub nach den Eicheln,
… wir finden allerlei, stecken alles in die Taschen und laufen zurück nach Hause,
… öffnen die schwere Tür, ziehen uns wieder aus und
… wärmen uns froh und ein wenig erschöpft im gemütlichen Stübchen auf.

Kleine Lichtmeditation: „Ein Tag im Herbst“

Vorbereitung:
Falls kein Lichtschalter mit Dimmer vorhanden ist, wird das Licht einer Stehlampe mit einem dunklen Stofftuch verändert, Taschenlampe und helles Abdecktuch zurechtlegen.

Durchführung:
Für die Erzählung und die Lichtregie sind zwei Erwachsene nötig. In einer kleinen Vorbesprechung den Ablauf klären, dennoch genug Raum für spontane Einfälle und Entwicklung lassen.

Jetzt im Herbst werden die Tage immer kürzer und die Nacht dauert ganz lange. Die Sonne steht spät aus ihrem Himmelsbett auf und legt sich schon am Nachmittag wieder müde hin zum Schlafen.	*Die Kinder sammeln sich im Kreis und wir zaubern mit ruhigem Ton und gedämpftem Licht eine kuschelige Atmosphäre.*
Die Sonne schläft und auch die Kinder schlafen und träumen süß.	*Wir lassen den Raum noch etwas dunkler werden und animieren die Kinder, sich ein wenig hinzulegen und zusammenzukuscheln.*
Da klingelt der Wecker laut. Drrrr, drrrr! und die Mama kommt ins Zimmer. Wacht auf, wacht auf Kinder! Zeit, um aufzustehen!	*Wir streicheln zart über die Kinder und lassen leise Schnarchlaute hören. Wir imitieren vernehmlich ein lautes Klingeln und rütteln sanft an jedem Kind und nennen dabei ein jedes reihum beim Namen.*

Nun wacht auch die Sonne auf und begleitet uns durch den Tag.

Wir recken und strecken unsere Arme und gähnen ausgiebig.

Frühstück, Rausgehen, Mittagessen, Schlafen, Spielen, Kuscheln ... Bald wird die Sonne wieder müde und legt sich in ihr Bettchen. Es wird dunkel und man kann kaum noch etwas sehen.

Das Licht wird hell im Raum. Alle Kinder sitzen im Kreis und wir erzählen kurz den kindlichen Tagesablauf. Gegen Ende der kleinen Erzählung verdunkeln wir den Raum wieder zunehmend.

Doch die Kinder sind noch nicht müde und so bekommt ein jedes ein wenig von dem Licht, das die Sonne noch übrig gelassen hat.

Reihum schalten wir für jedes Kind einzeln eine Taschenlampe unter einem hellen Tuch an. Jedes Kind betrachtet kurz „sein Licht".

Das Licht ist nun aufgebraucht. Die Nacht ist gekommen und alle Kinder legen sich gemütlich zur Ruhe, kuscheln ein wenig und schlafen bald ein. Gute Nacht, gute Nacht!

Wir streicheln über jedes Kind und halten die ruhige Situation ein wenig, vielleicht mit einem Schlaflied.

Die Sonne scheint! Guten Morgen! Habt ihr gut geschlafen?

Langsam wird es wieder hell im Raum. Die kleine Licht- und Dämmerstunde ist vorbei, wir „wecken" die Kinder sanft und sie tapsen in den „hellen Tag".

Herbstliche Bilderbuchgeschichten

Ob Abbildungen von Alltagsgegenständen, von Tieren oder ganz kleinen Handlungssequenzen – Bücher gehören selbstverständlich mit in den Alltag kleiner Kinder. Sie unterstützen und fördern kindliche Vorstellungskraft, Begriffserweiterung und Sprachentwicklung. Aber auch der haptische Sinn wird bedient: Bilderbücher aus dem Regal nehmen, vor- und zurückblättern, umhertragen (und gelegentlich auch zerreißen) macht kleinen Kindern Freude und trägt dazu bei, den Umgang mit Büchern zu lernen.

Bücher müssen sein und müssen passen!

Die Bücher sollen in Form und Inhalt passend für die Altersstufe sein. Dicke Pappbilderbücher können von den Kleinen selbstständig benutzt werden, während Bücher mit dünnen Seiten und komplexerem Inhalt am besten zusammen mit Erwachsenen betrachtet werden. Enthält eine Geschichte zu komplizierte Teile oder angsterzeugende Elemente, überspringen wir diese oder verändern den Inhalt kleinkindgerecht. Wir sollten die kleine Mühe nicht scheuen, uns grundsätzlich vor der Einführung eines Buches, selbst *ganz* mit dem Inhalt vertraut zu machen. Nur so können wir entscheiden, ob das Buch den Kindern gemäß ist, modifiziert werden muss oder im Zweifelsfalle besser darauf zu verzichten ist.

Am wichtigsten bei der Vermittlung von Bilderbüchern ist aber unsere eigene Begeisterung für Bücher, Geschichten und Bilder. So bringen wir den Kindern das „Lesen“ von Büchern als Bereicherung nahe.

Ich bin der kleine Igel

Igel faszinieren kleine Kinder, sind sie doch süß und stachelig zugleich. Das gilt umso mehr für Igelkinder. Wie und wo leben sie wohl im Herbst? Die scheuen Tiere lassen sich sehr schwer in der Natur beobachten. Nur im Bilderbuch können unsere Kinder Tiere ausgiebig betrachten. „Ich bin der kleine Igel“, ein Pappband von Gerda Muller (Ravensburger Buchverlag 2007; ISBN 3-473-30369-0) handelt vom Leben einer Igelfamilie in der herbstlichen Dämmerung. Die einfühlsam erzählte, einfache Geschichte und die ruhigen Bilder ziehen die Kinder in ihren Bann, und vermitteln nebenbei auch Wissenswertes über die putzigen Stacheltiere.

Praxisimpuls:
Nach der Buchbetrachtung holen wir ein Körbchen mit getrockneten Herbstblättern herbei. Das lustig gerollte Laub bildet ein gemütliches Bettchen, in dem sich ein kleiner Igel (Stofftier oder Handpuppe) versteckt. Er zeigt den Kindern anschaulich, wie sein lebendiger Bruder in der Natur seinen langen Winterschlaf verbringt – und er lässt sich streicheln!

So schön ist der Herbst! Im bunten Wald mit Matz, Fratz und Lisettchen

Die lustige Eichhörnchenfamilie mit Matz, Fratz und Lisettchen (Rose Pflock, Iwamura Kazuo, Nord-Süd-Verlag, 2010, ISBN 978-3-314-01702-5) hat im Herbst eine Menge zu tun. Alle helfen mit, im bunten Wald nach Eicheln zu suchen, um sie als Wintervorrat in ein sicheres Versteck zu bringen. Die Eichhornmama strickt als Überraschung für ihre Kinder rote Pullover. Die rote Farbe der Wolle findet sich in der Herbstfärbung der Blätter ebenso wieder wie in den leckeren Beeren am Strauch und in der herbstlichen Abendsonne.

Die Geschichten um Matz, Fratz und Lisettchen sind mit viel Gefühl für Sprachrhythmus in gereimter Form abgefasst und liebevoll illustriert. Die Bilder sind nicht überladen und jede Jahreszeit hat eine stimmige Farbregie. Die Autoren vertrauen auf eine einfache Handlung, die nah am kindlichen Erleben bleibt und auf Spektakuläres bewusst verzichtet. Das Rollenbild von Mama und Papa ist allerdings ein wenig antiquiert. Wer sich daran nicht stört, wird das Bilderbuch kleinen Kindern gern und immer wieder vorlesen. Und bald werden einzelne Reime begeistert mitgesprochen.

„Kleinkind-Wissen" – im Herbst und übers ganze Jahr

Die Jahreszeiten

Mit kleinen Kindern beschäftigen wir uns nicht nur mit der gegenwärtigen Jahreszeit, sondern nehmen immer wieder auch den Jahreskreis mit in den Blick. Die Wahrnehmung und Einordnung der einzelnen Phasen im Jahr entwickelt und festigt sich beim Kind erst langsam. Bücher, Lieder und Reime zum Jahreszeitenkreislauf sind also unentbehrlich und bei den Kindern sehr beliebt. Der Pappband „Die Jahreszeiten" von Constanza Droop aus der Junior-Reihe *Wieso? Weshalb? Warum?* (Ravensburger Buchverlag, ISBN 978-3-473-32730-0) vermittelt in einfacher Weise „Kleinkind-Wissen" zu den einzelnen Jahreszeiten, von der passenden Kleidung über das Wetter bis zu einschlägigen Tätigkeiten in Frühling, Sommer, Herbst und Winter. Manch interessantes Detail verbirgt sich hinter robusten Klappfenstern, die zum Entdecken einladen. Am Schluss gibt es noch ein Jahreszeitenrad, das den Jahreskreislauf sehr schön veranschaulicht. Das Buch ist relativ kleinformatig und eignet sich gut zur Einzelbetrachtung oder für eine kleine Gruppe von Kindern.

Lieder rund um Ernte und Herbstwind

Es war eine Mutter – ein Lied mit Tänzchen für das ganze Jahr

Musik und Text: überliefert

2. Der Frühling bringt Blumen, der Sommer bringt Klee,
der Herbst, der bringt Trauben, der Winter bringt Schnee.

3. Das Klatschen, das Klatschen, das muss man verstehn,
im *Frühling* die Kinder im Kreise sich drehn.

Die letzte Strophe wird für jede Jahreszeit gesungen:
... im Sommer die Kinder im Kreise sich drehn.
... im Herbst sich die Kinder im Kreis herum drehn.
... im Winter die Kinder im Kreise sich drehn.

Alle Kinder klatschen in die Hände und drehen sich anschließend mit ausgebreiteten Armen im Kreis.

Falle, falle, gelber Blatt

Musik: Wilhelm Keller; Text: überliefert
aus: LUDI MUSICI, Band 1; © Fidula-Verlag Boppard/Rhein (www.fidula.eu)

2. Falle, falle, weißer Schnee, kalter Schnee,
tust den Bäumen gar nicht weh, und wir freun uns alle.

Die Äpfel, die sind reif

Musik und Text: überliefert

Durchführung:

1. Zeile: *Im Rhythmus in die Hände klatschen.*
2. Zeile: *Alle rütteln und schütteln Körper und Arme.*
3. Zeile: *Die Hände von ganz oben über den Kopf nach unten gleiten lassen und mit beiden Händen mehrmals im Rhythmus in die Luft greifen.*

Nachdem das Lied bei den Kindern eingeführt ist, wird es mit verschiedenen Obstsorten gesungen: „... die Birnen, Pflaumen, Trauben, Nüsse ... die sind reif."

Kleine Igel schlafen gern

Musik: Nach einer schwedischen Volksweise; Text: Klaus W. Hoffmann

Durchführung:

1. Zeile: *Beide Hände zusammen an die Wange legen (Schlafgeste).*
2. Zeile: *Mit den Fingern auf den Boden klopfen, dann mit dem Kopf schütteln.*
3. Zeile: *Schultern hochziehen und mit einer Hand abwinken, dann wieder Schlafgeste.*

Weitere Strophen:

Wenn sie Sturmwind hören ... *Arme schwingen.*
Wenn sie Donner hören ... *Mit den Füßen stampfen.*
Wenn sie Schneefall hören ... *Hände gleiten mit bewegten Fingern von oben nach unten.*

Hu, hu, heult der Wind

Musik und Text: überliefert, Textbearbeitung: Monika Lehner

2. ... Blätter werden bunter,
Äpfel fallen runter. ...

3. ... Igelchen gehn schlafen,
wollen auf sie warten. ...

Reime, Finger- und Bewegungsspiele im Herbst

„Das ist der Daumen, der schüttelt die Pflaumen, der hebt sie auf, der trägt sie nach Haus und der kleine freche da, der isst sie alle auf!“ Welches Kind kennt nicht dieses traditionelle Fingerspiel? Das ganze Jahr über wird es immer wieder gerne an den fünf Fingern einer Hand abgezählt.

Reime und kleine Geschichten in rhythmischer Sprache kommen dem Bedürfnis kleiner Kinder nach Wiederholungen und Ritualen sehr entgegen. Kleine Kinder brauchen dabei nicht viele verschiedene Angebote, sondern lieber wenige und diese immer wieder! Die Vorhersehbarkeit gibt Verlässlichkeit und Sicherheit. Die Kinder wissen, was kommt, und können deshalb bald mitsprechen und die zugehörigen Gesten mitmachen. Sprachlust und damit auch Sprachentwicklung werden ideal gefördert, das kindliche Selbstvertrauen wird gestärkt.

Entscheidend bei der Vermittlung von Reimen, Finger- und Bewegungsspielen ist die eigene gute Kenntnis der Texte und die eigene Freude daran. Was einem selbst gut gefällt, kann man anderen auch gut nahe bringen!

Draußen bläst ein starker Wind

Draußen bläst ein starker Wind,
zaust die Haare jedem Kind.
Von den Bäumen fallen wieder
gelb' und braune Blätter nieder.
Doch der Herbst bringt gute Gaben,
Äpfel, Birnen wolln wir haben.
Trauben bringt er, zuckersüße,
Zwetschgen (Pflaumen) auch und viele Nüsse!

überliefert

Wettergemecker

Erwachsene klagen oft über das Wetter. Daraus lässt sich ein lustiges Spiel entwickeln, in dessen Verlauf es nicht nur „zu warm", sondern auch„zu kalt, zu feucht, zu nass, zu neblig, zu viel Schnee, zu wenig Schnee, zu eisig, zu heiß ..." wird.

„Was ist das nur für ein Wetter,
die Sonne scheint den ganzen Tag.
Mir ist es viel zu warm!"

Erzieherin stöhnt und hält sich sorgenvoll den Kopf, dramatisch und resigniert bis ärgerlich.

Die Kinder wissen es besser:

„Juhu! Es ist schön warm!"

Zweite Erzieherin nimmt die Kinder mit einer Bewegung mit herein, begeistertes Rufen und Arme freudig in die Luft!

Steigt ein Kind auf einen Baum

Steigt ein Kind auf einen Baum,	*Stehend, Zeigefinger tippt die ausgestreckten Finger der anderen Hand der Reihe nach an.*
ei, so hoch, man sieht es kaum!	*Flache Hand über die Augen, nach oben blicken und deuten.*
Hüpft von Ast zu Ästchen,	*Zeigefinger „hüpft“ von einem ausgestreckten Finger der anderen Hand zum anderen.*
schlüpft ins Vogelnestchen.	*Eine Hand formt eine Höhle, die andere „schlüpft“ mit zusammengelegten Fingern hinein.*
Ha, da lacht es,	*Lautes Lachen, Hände und Arme frei nach oben werfen.*
bums, da kracht es,	*Mit erschrockener Mine hin- und herschwanken und beugen, sich gegen den Sturz wehren.*
hui, da liegt es unten.	*Auf den Popo plumpsen, Beine in die Luft und ordentlich jammern.*

überliefert

Im Original steigt ein „Büblein“ auf den Baum, wir lassen auch ein „Mädchen“ klettern oder eben einfach ein „Kind“.
Das Spiel ist sehr beliebt, nicht nur im Herbst. Es muss nur mit der nötigen Dramatik und entsprechendem Körpereinsatz dargeboten werden – also werfen wir uns bei der Schlusszeile beherzt zu Boden. Das bringt die Kinder zum Lachen und animiert sie zum Mitmachen.

Das ist der Baum

Das ist der Baum und das sind die Äste.	*Linken Ellbogen aufstützen, dann Finger spreizen.*
An jedem hängen Äpfel dran.	*Rechter Zeigefinger zeigt auf die „Äste“.*
Und weil es Herbst geworden ist, da fängt der Wind zu blasen an.	*Auf den „Baum“ pusten.*
Er reißt sie runter, groß und klein,	*Rechte Hand zupft an den „Ästen“, Finger trommeln auf den Boden, deuten Herunterprasseln an.*
wir sammeln sie im Körbchen ein.	*Linke Hand formt ein Körbchen, rechte sammelt die rundum liegenden Früchte ein.*

überliefert

Apfelpflücken „Ich hol mir eine Leiter“

Ich hol mir eine Leiter und stell sie an den Baum.
Ich kletter immer weiter und seh den Boden kaum.
Ich pflücke rote Äpfel, pflück hier pflück da, plück dort,
und leg sie in mein Körbchen, von hier, von da, von dort.
Dann steig ich wieder runter, ganz langsam Stück für Stück,
und stell das volle Körbchen ins grüne Gras zurück.
Da nehm ich einen Apfel und beiß ein Stückchen ab.
Und wenn du davon kosten willst,
komm her, ich geb dir was.

überliefert; Bearbeitung: Monika Lehner

Die kleine Geschichte vom Apfelpflücken wird mit allerlei Gesten begleitet, die sich ganz natürlich aus dem Text ergeben. Das Bewegungsspiel kann im Kreis im Sitzen und ebenso gut im Stehen durchgeführt werden. Entscheidend ist die Begeisterung und das Miterleben der Kinder.

Ein Wurm wohnt in dem Apfel

Musik und Text: überliefert

1. Ein Wurm wohnt in dem Apfel,	*Zeigefinger recken.*
in diesem kleinen Haus.	*Beide Hände zu hohler Form schließen.*
Er reckt und streckt und dehnt sich auch	*Zeigefinger kommt aus hohler Form hervor.*
und schaut zu dir heraus.	*Zeigefinger deutet in verschiedene Richtungen.*

2. Er sagt: „Hallo, da bin ich! Das freut mich aber sehr.	*Zeigefinger bleibt in der hohlen Form und nickt in verschiedene Richtungen.*
Kommt, lasst uns alle singen, dann freu ich mich noch mehr!“	*Zeigefinger bleibt in der hohlen Form und tanzt aufrecht hin und her.*
3. Dann geht das kleine Würmlein zurück ins kleine Haus	*Zeigefinger verschwindet langsam in der hohlen Form.*
und ruht sich von dem schönen Lied	*Beide Hände zusammen an die Wange legen.*
erst einmal richtig aus.	*Augen schließen.*

überliefert

Der Reim kommt bei kleinen Kindern als gesprochenes Fingerspiel ebenso gut an wie als gestisch begleitetes Lied. Die Gestik ist einfach und dennoch für kleine Hände nicht ganz leicht umzusetzen. Hier geht es aber nicht um korrekte Durchführung, sondern um die Freude an der kleinen Handlung und am eigenen Tun.

Der Pflaumenbaum

Kommt ein kleiner Mann daher,
kommt zum Pflaumenbäumchen.
Schaut hinauf und freut sich sehr –
sieht die vielen Pfläumchen.
Und er schüttelt, schwapp – schwapp – schwapp,
fallen alle Pflaumen ab.
Männchen liest sie in den Sack,
trägt nach Haus sie huckepack.

Elfriede Pausewang
(aus: Die Unzertrennlichen, Band 1, Don Bosco Verlag, München)

Der linke Unterarm bildet den Pflaumenbaum, die gespreizten Finger sind die Äste. Von rechts kommt das Männchen (Zeigefinger) auf das Bäumchen zu. Es schaut hinauf und schüttelt es. Schließlich geht es schwer beladen mit dem Sack auf dem Rücken davon (die Faust der linken Hand hält sich am Zeigefinger der rechten).

Herbstlicher Raumschmuck

Der Herbst hält Einzug in unsere Räume. Sie verändern sich mit den Jahreszeiten gerade so wie die Natur draußen vor der Tür. Obgleich der Schmuck der Räume dekorativ und raumgestaltend sein soll, stellt er doch mehr dar als reine Dekoration. Die gestalteten Bilder greifen die Veränderungen in der Natur auf und verdeutlichen und vertiefen so die Wahrnehmung der Kinder.
Wichtig ist, die Dekorationen jedes Jahr aufs Neue unter der Mitwirkung oder Beobachtung der Kindern herzustellen, um ihr Verständnis für die Zusammen-

hänge des Jahrskreislaufs zu fördern. Das Herbstbild vom letzten Jahr wäre zwar schnell aus dem Fundus geholt und rasch wieder aufgehängt, wäre dem Erleben und Begreifen der Kinder aber kaum dienlich. So wie der Herbst immer gleich und doch immer wieder neu ist, so lassen wir auch unsere Räume immer wieder von Neuem in ein herbstliches Gewand schlüpfen.

Großer Herbstbaum

Material:
Fotokarton oder Pappe in Großformat (70×100 cm), nach Geschmack gelb/orange oder himmelblau in Aquarelltechnik grundiert, Pinsel, Malfarbe in Brauntönen, verschiedene gepresste Blätter, Kastanien, Eicheln, Nüsse, Kleister oder Kleber

Die Kinder sind dabei, wenn der Baum entsteht, und wir fragen immer wieder, was ein Baum so alles braucht. Mit oder ohne vorherige Skizze malen wir nach den Angaben der Kinder und unseren eigenen Vorstellungen einen wuchtigen Baumstamm mit Wurzeln, einigen dickeren Ästen und vielen kleineren Zweigen auf das Papier. Nach einer kurzen Trockenzeit verwandelt sich der kahle Stamm

in einen Herbstbaum. Jedes Kind darf einige Blätter in die Krone des Baumes kleben. Ein paar Blätter schweben auch frei in der Luft oder bauschen sich am Boden zu kleinen Laubhaufen. Kastanien, Eicheln und Nüsse werden in ein dickes Kleisterbett gesetzt. Es entsteht ein lebendiges Herbstbild ohne botanische Genauigkeit, da auf unserem Baum Kastanien-, Linden- und Eichenblätter durcheinander wachsen.
Der Baum bildet das Zentrum unserer Herbstdekoration und begleitet uns durch den ganzen Herbst. Im Laufe der Zeit wird er vielleicht noch um ein Igelchen im Laubhaufen oder ein Eichhörnchen hoch oben in der Baumkrone ergänzt.

Praxisimpuls:
Erlaubt es unser Platzangebot, bleibt der große Herbstbaum das ganze Jahr über in unseren Räumen hängen. Im Laufe des Jahres wird sich ein Winter-, Frühlings- und Sommerbaum hinzugesellen und so den Kreislauf der Jahreszeiten dekorativ und für die Kinder gut nachvollziehbar veranschaulichen.

Ein Baum für jede Jahreszeit

Material Winterbaum:
Weiße gebauschte Watte, weiße Malfarbe, Korken, Silberfolie, Winterbeeren wie Sanddorn oder Hagebutten

Mit Korken und weißer Farbe drucken die Kinder eine Menge runder Schneeflocken auf das Format mit dem winterlich kahlen Baum. Nach der Trocknungszeit kleben wir Watte als dicke Flocken auf die Äste, in den Himmel und auf die Erde.

Das verleiht dem Wandbild mehr plastische Wirkung. Zum Schluss kleben die Kinder noch längliche Keile aus Silberfolie als Eiszapfen an die Zweige. Vereinzelt kommen nun ein paar Winterbeeren hinzu und geben dem Baum ein wenig Farbe. Der Winterbaum kann um einen Schneehasen, ein Futterhäuschen und ein paar Vögelchen in seinem Geäst bereichert werden.

Material Frühlingsbaum:
Seidenpapier in hellen Frühlingsfarben, Klebestreifen, flüssiger Bastelkleber, Bindedraht

Das kahle Geäst des Baums füllt sich mit Blättern aus hellgrünem Seidenpapier. Die verschiedenen Blattformen werden jeweils nur an einem Ende auf einen Tropfen Kleber gesetzt. So ergibt sich ein flatternder Effekt. Nun werden aus schmalen langen Streifen farbigen Seidenpapiers Blüten gewickelt, am unteren Ende zusammengeklebt und oben ein wenig auseinandergezupft. Die zarten Blütenformen werden mit Bindedraht oder Klebestreifen zwischen die Frühlingsblätter geheftet. Komplett wird der Frühlingsbaum mit einem Vogelnest in seinen reich geschmückten Ästen.

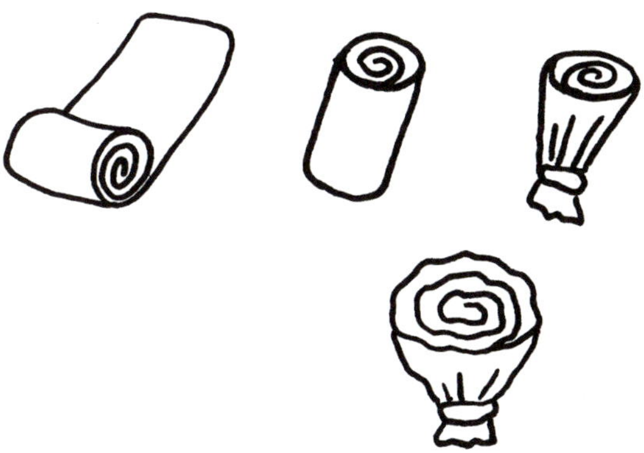

Material Sommerbaum:
Tonpapier in mittlerem und dunklen Grün, rote Holzperlen (Durchmesser 1–2 cm), Bindedraht, Zange

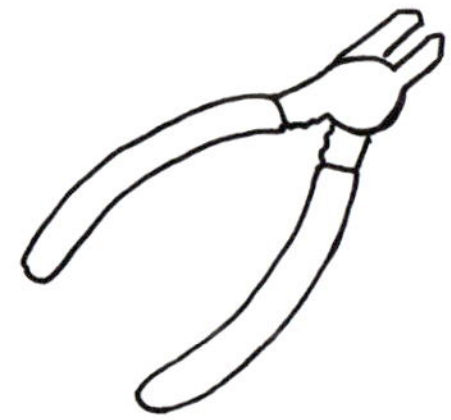

Wir schneiden verschiedene Blattformen aus Tonpapier und kleben die Blätter einzeln, paar- und auch büschelweise zwischen die Äste und Zweige des gemalten Baumstamms, gemischt in unterschiedlichen Grüntönen. Obwohl dicht belaubt, soll kein dunkler Eindruck entstehen. Nun die Holzperlen jeweils einzeln auf ein Stück Bindedraht fädeln, den Draht mit ein paar Drehbewegungen der Zange schließen, das überstehende Drahtende zu einem Häkchen biegen, durch das Papier stechen und einhängen. Rasch verwandelt sich der Sommerbaum in einen reich tragenden Kirschbaum. Als Ergänzung malen wir eine fröhlich baumelnde Kinderschaukel an einen der unteren Äste und vielleicht lassen sich ein paar Amseln zur Kirschenernte in der Baumkrone nieder.

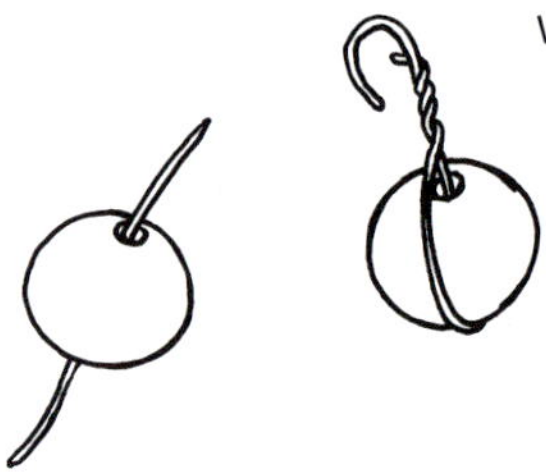

Obst und Gemüse – dreidimensional und kinderleicht

Material:
Tonpapier in grün, rot und gelb, Schere, Bürolocher, große Bastelnadel zum Vorstechen, Bindedraht, Zange, ggf. Bürohefter, Band zum Aufhängen

Geeignet sind Obst- und Gemüsesorten, die symmetrisch sind und von klarer Form (Apfel, Birne, Orange, Zitrone, Tomate, Kürbis, Paprika). Für jedes Teil werden drei Blatt Tonpapier in passender Farbe und Größe übereinander

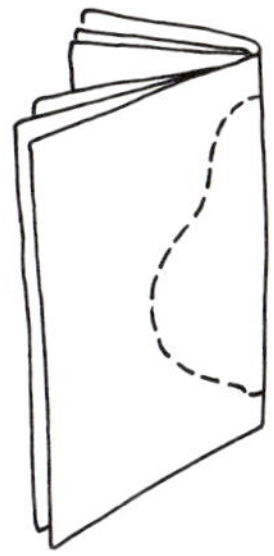

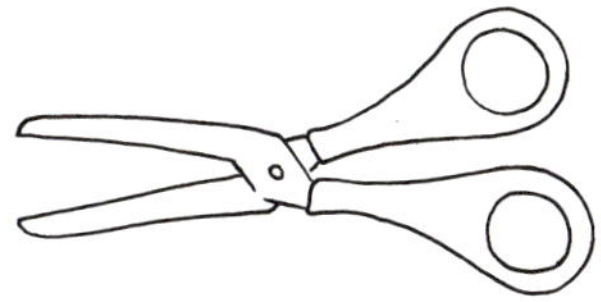

gelegt und einmal der Länge nach in der Mitte gefaltet. Wir zeichnen die halbe Obst- oder Gemüseform auf und schneiden sie aus. Die Faltkante bildet dabei die Mitte und gewährleistet ein symmetrisches Ergebnis. Nun werden alle Papiere gemeinsam aufgefaltet. Um die einzelnen Teile zusammenzuhalten, werden entlang der Mittellinie (Faltkante) im oberen und unteren Drittel zwei Löcher eingestochen, der Bindedraht durchgefädelt und auf einer Seite mit der Zange verschlossen. (Bei kleineren Formaten mit dem Bürohefter zwei Heftklammern eindrücken.) Am oberen Ende der Mittellinie wird mit dem Bürolocher *ein* Loch für den Aufhänger gestanzt. Die einzelnen Papiere rund um die Mitte auffächern, fertig ist unser dreidimensionales Obst und Gemüse. Fehlt nur noch ein Bändchen als Aufhänger.

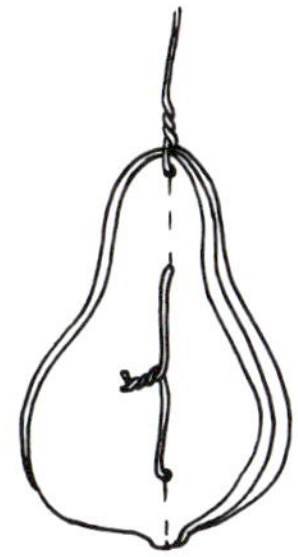

Praxisimpuls:
Der Entstehungsprozess ist vielfältig und abwechslungsreich. Für Kinder ist es immer spannend, Arbeiten mit „echtem“ Werkzeug zu beobachten. Rasch merken sie sich die einzelnen Arbeitsschritte und helfen auch schon fleißig mit. Sie brauchen nur die Zeit und die Möglichkeit der praktischen und beobachtenden Teilnahme.

Bunte Windlichter und Tischlaternen

Material:
Schraubgläser, buntes Seidenpapier, ggf. Kinderscheren, Kleister, für Windlichter, Bindedraht, Zange

Zur Vorbereitung reißen und schneiden die Kinder das bunte Seidenpapier in kleine Stücke. Obwohl kleine Kinder das Material dabei erfahrungsgemäß häufig knüllen, entsteht rasch ein brauchbarer Fundus für unsere Bastelei.
Die Gläser bestreichen wir mit dem Kleister, kleben die Papierschnipsel auf und streichen sie ein wenig glatt. Dabei geht es nicht um Maßarbeit. Die dünnen Papiere dürfen sich überlappen und auch in doppelten Schichten aufgebracht werden. Ist die bunte Papierschicht fertig, noch einmal mit der flachen Hand eine dünne Schicht Kleister aufbringen und trocknen lassen.
In jedes Glas kommt ein Teelicht und fertig sind unsere Tischlaternen.

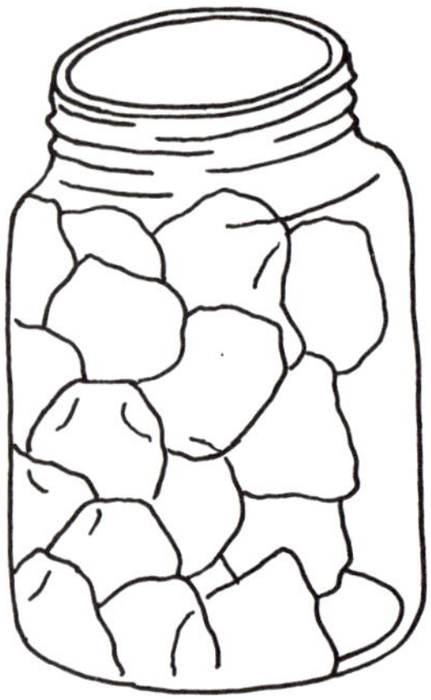

Verwenden wir die Laterne als Windlicht, legen wir unterhalb des Schraubglasgewindes einen stabilen Draht um das Glas. Bevor dieser mit ein paar gegenläufigen Drehungen sehr eng um das Windlicht geschlossen wird, muss ein Drahtbogen als Aufhänger angebracht werden (jeweils seitlich gut und sicher verknoten).

Herbst-Basteleien mit Blättern und Früchten

Gestalten mit Naturmaterial

Bevor wir mit unseren Herbstbasteleien beginnen, gehen wir hinaus in die Welt und sammeln, was immer die Natur uns beschert. Bereitwillig versorgen uns die Bäume mit Blättern in den verschiedensten Formen und Färbungen und mit Früchten – Eicheln, Kastanien, Hagebutten, Bucheckern, Kiefernzapfen und Rindenstücke. Alles wird sorgsam bewahrt. Der Spaziergang findet seine organische Weiterführung am Basteltisch. Basteln mit Naturmaterial ist ganzheitliches Tun. Das eigene Mitmachen, Ausprobieren und Beobachten bringt für kleine Kinder den größten Nutzen, sei es für das feinmotorische Geschick, das Verständnis oder die kindliche Freude.

Blätter pressen

Blätter unterschiedlichster Form und Größe werden zusammen mit den Kindern gepresst. Diese Tätigkeit ist Vorbereitung für manche Bastelei, ist aber auch für die Kinder aus sich heraus spannend.
Wir benutzen eine Blumen- und Blätterpresse oder trocknen das Herbstlaub auf ganz einfache Art, indem die Kinder die Blätter nebeneinander in mehrere Lagen Zeitungspapier legen – immer abwechselnd Blätter und saugfähiges Zeitungspapier.

So entsteht ein „Blätterstapel“, der zum Schluss mit einem flachen, schweren Gegenstand beschwert wird. Nach einer knappen Woche sind die Blätter ganz trocken und plan. Ist der Trocknungsprozess abgeschlossen, verändern sie ihre Farbe und Form nicht mehr.
Mit großer Neugier wird Zeitungsschicht um Zeitungsschicht angehoben. Die Kinder „finden“ mit Freude und Spannung die nunmehr glatten Blätter.

Praxisimpuls:
Wir lassen immer auch einige Blätter auf natürliche Weise trocknen. Sie wellen und kringeln sich und bilden bald ein luftiges Blätterhäufchen. Die Kinder können die gepressten und die natürlich getrockneten Blätter vergleichen.

Blätterregen

Material:
Verschiedene Formate festes Papier (Tapeten oder Ton- und Packpapier), Kleister, Pinsel, gepresste Blätter

Verschieden große Papierformate werden mit Kleister bestrichen. Bei weißem Untergrund kann der Kleister mit passender Fingerfarbe vermischt werden.
Zunächst bekommt reihum jedes Kind ein Blatt, um es auf das Papier zu legen oder zu werfen. Wir pusten dazu und imitieren so den Herbstwind, der die Blätter auf die Erde weht. Dieser Vorgang wird mehrmals in der Runde wiederholt, bevor die restlichen Blätter gesammelt und unter festem Pusten und Blasen der Kinder auf das Blätterbild „geweht“ werden. Die Blätter müssen nicht flach angedrückt werden, dürfen sich an den Rändern kringeln oder hier und da in die Luft ragen, so dass ein natürlich anmutendes Blätterbild entsteht.

Herbst im Topf

Material:
Mittelgroßer Blumentopf aus Ton, Zeigungspapier und Kleister für Pappmaché, Zweig, Naturmaterial, Blumendraht

Den Tontopf fast ganz mit eingekleistertem Zeitungspapier füllen. In die Mitte einen Zweig (mit einigen Seitentrieben) stecken und rundherum Naturmaterial in die noch feuchte Masse eindrücken. Kastanien und getrocknetes Laub an die kleinen „Äste“ binden – fertig ist unsere kleine herbstliche Landschaft im Topf.

Blätterbilder – mit oder ohne Motiv

Material:
Fotokarton in herbstlichen Farben, Kleister und Pinsel bzw. Kleber, Naturmaterial

Jedes Kind stellt in der Einzelsituation aus dem gesammelten und getrockneten Naturmaterial ein individuelles Blätterbild her. Es werden je nach Geschmack und Bastellust schlicht einige Blätter aufgeklebt oder aber einfache Motive auf farbigem Fotokarton gestaltet. Eicheln und Kastanien setzen wir jeweils in ein kleines Kleisterbett.

Für kleine Kinder passende, einfache Motive aus getrockneten Blättern sind Blattmännchen oder ein Schmetterling mit Flügeln aus Kastanienblättern (Körper und Fühler werden hierbei gemalt oder aus Tonpapier geklebt).

Einfache Herbstfiguren

Material:
Kastanien, Eicheln, Bindedraht, Zange, Kastanienbohrer (Ringbohrer, 2 mm) mit Holzunterlage, ggf. Kleber

Durchführung:
Materialtablett gut vorbereiten. Kinder unter Aufsicht und mit Hilfestellung mit echtem Werkzeug hantieren lassen.
Mit dem Handbohrer eine Kastanie durchbohren, sie bildet später den Kopf. Zwei kürzere und zwei längere Stücke Basteldraht hindurchstecken und oben mit einem Häkchen schließen. An jedes untere Ende der Drähte wird eine vorbereitete Eichel gesteckt und jeweils

mit einem Häkchen geschlossen. Schon ist die kleine Figur fertig – die zwei kürzeren Drähte bilden die Arme mit den Eicheln als Hände und die zwei längeren sind entsprechend Beine mit Schuhen aus „Eichenholz“. Vielleicht findet sich in unserem herbstlichen Sammelfundus noch ein kleines Blatt oder eine Stachelhülle einer Kastanie als Kopfbedeckung.

Kastanienketten müssen sein!

Material:
Kastanien, Kastanienbohrer mit Holzunterlage, Perlonschnur oder Basteldraht, ggf. Zange

Der Klassiker unter den Herbstbasteleien sind Kastanienketten und -girlanden. Dreijährige sind schon sehr geschickt beim Fädeln. Aber auch schon die Allerkleinsten haben daran Spaß. Wir halten den Draht und sie stecken die Kastanie auf, oder die Kinder halten die Kastanie und wir stecken das Schnur- oder Drahtende durch das Loch: Das kindliche Erfolgserlebnis ist garantiert!

Kastanien mit einem Handbohrer durchbohren und auf Perlonfaden oder Basteldraht auffädeln. Eine besonders hübsche Kette erhalten wir, wenn zwischen die Kastanien bunte Holzperlen gefädelt werden.

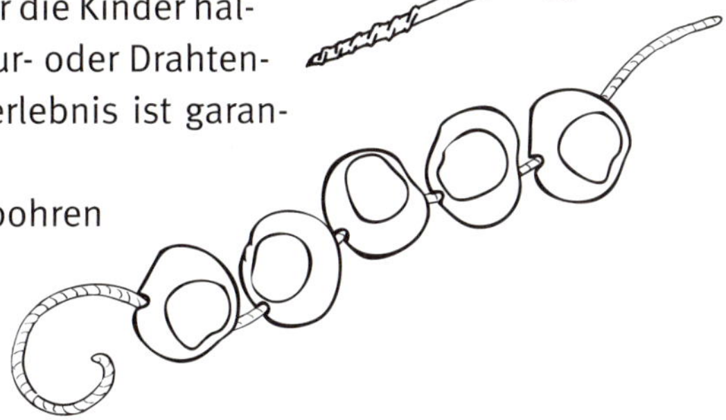

Herbstgardinen

Material:
dünne (farbige) Paketschnur, Kastanienbohrer, Materialtablett mit allerlei herbstlichem Sammelgut, Haken zum Befestigen

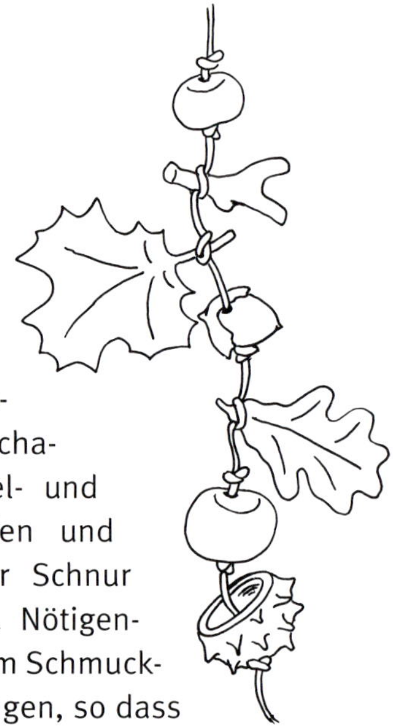

Aus getrockneten Blättern, Kastanien, Eicheln, stacheligen Kastanienschalen, Maiskolben, Wurzel- und Rindenstückchen knüpfen und fädeln wir entlang einer Schnur eine herbstliche Girlande. Nötigenfalls wird vor und nach jedem Schmuckelement ein Knoten geschlungen, so dass die einzelnen Teile nicht verrutschen können. Diese Girlanden machen sich gut als Raumschmuck, können aber auch als „Herbstgardinen“ an die Fenster gehängt oder von einem Ende des Fensterrahmens zum anderen locker gespannt werden.

Blätterzauberei mit Schablone

Material:
Helles Tonpapier, Schere, Klebestreifen, Pinsel, Malfarbe

Vorbereitung:
Aus festem Papier einige Blätterschablonen (reduzierte Form eines Ahorn-, Eichen-, Lindenblatts) in verschiedenen Größen ausschneiden; für die Einzelar-

beit alle Schablonen mindestens in doppelter Anzahl vorbereiten (Trocknungszeit), Ablagemöglichkeit für farbige Schablonen vorsehen.

Die Kinder legen die Blätterschablonen nach ihrer Wahl auf das helle Tonpapier. Mit einem Klebestreifen werden die Formen an einigen Stellen fixiert (dabei soll möglichst wenig des Klebestreifens über die Schablone hinausragen. Die Kinder bemalen nun das ganze Format flächig mit Farbe. Da kleine Kinder das Ergebnis ihrer Arbeit gleich sehen möchten, ziehen wir die Schablone(n) noch im nassen Zustand vom frisch bemalten Papier. Und siehe da, die Blätterzauberei ist gelungen!
Die Arbeit eignet sich als Einzelbastelei, kann aber auch sehr gut als Gruppenarbeit durchgeführt werden. In diesem Fall bereiten wir ein großes Format vor und bekleben es mit vielen Blätterschablonen.

Apfel- und Kartoffeldruck

Die herbstliche Druckwerkstatt funktioniert ganz einfach. Als Druckstöcke dienen halbierte Äpfel und in Kartoffelhälften geschnittene einfache Motivstempel. Diese werden mit Fingern oder einem Pinsel satt mit Farbe bestrichen und auf weißes oder farbiges Tonpapier gedruckt. Dabei sollen sie nicht verrutschen und müssen kurz, aber fest angedrückt werden. Die Kinder helfen dabei mit großer Kraftanstrengung mit, bevor sie immer wieder freudig überrascht das Druckergebnis „entdecken“.

Spiele aus der Natur

Igel und Handschmeichler

Finden wir auf unseren Streifzügen eine Kastanie, die noch halb in ihrem stacheligen Mantel sitzt, so tragen wir diesen Schatz sorgsam mit nach Hause für eine genauere Betrachtung im Kreis. Die Kinder fassen vorsichtig die Stacheln der Schale an und im Vergleich dazu die seidige Oberfläche der Frucht. Auch die Farben sind unterschiedlich: die Schale ist grün, das Innere glänzend-braun. Vorsichtig bewegen wir die Kastanie in ihrem eng anliegenden Bett und schließlich löst sie sich. Wir reichen die Schale rundherum und jedes Kind darf die Kastanie immer wieder aufs Neue aus der stacheligen Schale nehmen. Die Kastanie ist gleichzeitig so fest und geschmeidig-weich, dass sie zum Handschmeichler in den kleinen Kinderhänden wird.
Die leere Kastanienschale wird dagegen auf unserer Hand zum kleinen Igel, der hierhin und dorthin krabbelt und sich schließlich unter ein wenig raschelndem Herbstlaub in unserer Hand verbirgt.

Wanderkastanie

Mit einem kleinen Spruch lassen wir eine glänzende Kastanie im Kreis von Hand zu Hand wandern. Wo nötig, helfen wir bei der Übergabe von einem zum nächsten Kind. Bei jeder neuen Runde darf ein anderes Kind beginnen, und die Kastanie zum Schluss wieder zurück ins Körbchen legen.

Schick eine Kastanie auf die Reise,
sie geht von Hand zu Hand, ganz leise.
geht rundherum, man kann sie sehn.
Bald wird sie wieder zu dir gehn.

Hier kommt einem vielleicht das alte Spiel „Taler, Taler, du musst wandern“ in den Sinn – aber diese Spielidee passt noch nicht für kleine Kinder. Sie sind voll und ganz damit beschäftigt, die Kastanie anzunehmen und weiterzugeben und sie selbstverständlich dabei auch zu betrachten. Die Kastanie etwa wie im „Talerspiel“ unbemerkt weiterzugeben, ist kleinen Kindern völlig fremd und überdies feinmotorisch noch kaum möglich.

Herbstliches Such- und Tastspiel

Unter einer Decke versteckt, lassen wir verschiedene Herbstfrüchte von den Kindern ertasten bzw. suchen. Um es den kleinen Kindern nicht zu schwer zu machen, verwenden wir nur eine oder maximal zwei Sorten. Wir mischen etwa Äpfel und Mandarinen, von der Form und auch von der Oberfläche her deutlich unterschiedlich. Oder kleine Äpfel und Kastanien – ebenfalls deutlich voneinander zu unterscheiden.

Da kleine Kinder mit Händen *und* Augen „schauen“, werfen sie bei diesem Spiel fast immer einen Blick unter die Decke. Die Kinder können ihrem Entwicklungsstand entsprechend die Früchte mit allen Sinnen finden, ertasten und erkennen.

Viel Freude macht auch ein reines Suchspiel: unter einer mittelgroßen Kuscheldecke versteckt sich EINE Kastanie. Reihum darf jeweils ein Kind danach suchen und wendet dabei die Decke hin und her, bis der Schatz gefunden ist. Jedes Kind darf natürlich „seine Kastanie“ behalten.

Fädelspiel

In einer Schale befinden sich eine Menge durchbohrter Kastanien und ein paar Stücke dicker Perlonschnur (ca. 30 cm), an einem Ende jeweils mit einer Kastanie fest verknotet.
Die Kinder lieben es, die Kastanien immer wieder aufzufädeln und anschließend zurück in die Schale kullern zu lassen.

Kastanienraupe – erstes Naturspielzeug

Material:
Kastanien, Kastanienbohrer mit Holzunterlage, Perlonschnur, dünne Pfeifenputzer

Für jede kleine Raupe fädeln wir mit den Kindern vier oder fünf Kastanien auf eine Perlonschnur und verknoten diese auf beiden Seiten so, dass zwischen den einzelnen „Raupengliedern" noch ein wenig Spielraum bleibt. Das macht das Tierchen beweglich.
In den Kopf bohren wir mit dem Kastanienbohrer seitlich zwei Löcher. Hier stecken wir als Fühler kleine Stücke dünner Pfeifenputzer hinein, an den Enden ein wenig eingerollt.

Erntekorb

Ein mit verschiedensten Obst- und Gemüsesorten sowie unterschiedlichen Nüssen gefüllter Korb steht in der Mitte des Kreises. Reihum kann ihn jedes Kind betrachten und wird dabei wohl auch freudig Bekanntes entdecken.
Nun nehmen wir den Korb auf den Schoß und halten ein beliebiges Teil seines Inhalts in die Luft. Ein erstaunter Blick und die überraschte Frage: „Was ist denn das?" oder „Wer bist denn du?" lässt die Kinder unter Mithilfe einer zweiten Erwachsenen die richtige Antwort geben. Abwechselnd nehmen wir jeweils ein anderes Obst oder Gemüse aus dem Korb, wiederholen einzelne Sorten immer wieder

und verwechseln dabei spaßeshalber die Namen der einzelnen Sorten. Das Zeigen und Fragen wird immer schneller, so dass sich ein rasches Frage- und Antwortspiel ergibt. Die Kinder wissen bald blitzschnell immer die richtige Antwort, während die „vergessliche Erwachsene" einfach nichts dazulernt. Das macht Spaß!

Obsternte

Material:
Zweig mit echtem Laub oder mit angeklebten Blättern aus Tonpapier, Tontopf mit Steinen (zum Fixieren) und mit Erde, Obst mit Stiel, an jeden Fruchtstiel ein grünes Bändchen binden und mit einer einfachen Schleife an den Zweig hängen

Selbst wenn es in unserem Garten keinen früchtetragenden Obstbaum gibt, so können wir dennoch gemeinsam mit den Kindern zur Apfelernte schreiten.
Wir stellen einen größeren Zweig in einen Blumentopf mit Erde und behängen ihn mit Äpfeln (Birnen, Pflaumen oder doppelten Kirschen – jeweils nur eine Sorte). Die Kinder sitzen im Kreis und betrachten zunächst den „Baum" in der Mitte. Kurz wird die wunderbare Geschichte vom Wachsen und Werden des Apfels erzählt – von der zarten Blüte im Frühling bis zur reifen Frucht im Herbst. Jedes Kind pflückt nun einzeln und mit Bedacht „seine" Frucht. Gleich ob ein Kind seine Ernte mit nach Hause nimmt oder das Obst sofort aufgegessen wird, in jedem Fall wird für die Kinder ein wenig von dem elementaren Glück erlebbar, eine Gabe der Natur zu erhalten.

Mit kleinen Kindern den Herbst genießen

Herbstliche Gaumenfreuden

Herbstküche

Die Kinderküche im Herbst zeichnet sich vor allem durch jahreszeitlich passende Zutaten aus, soll aber auch dem Geschmack kleiner Kinder entgegenkommen. Das ist nicht immer leicht. Und wir nehmen es nicht allzu schwer, wenn die Zubereitung einer Kürbissuppe den Kindern mehr Freude macht als der anschließende kulinarische Genuss.
Wir wählen möglichst einfache Rezepte. So können die kleinen Köche fleißig mithelfen. Oder wir wecken mit spannenden Küchenzaubereien das Interesse und die Beobachtungslust der Kinder.

Suppe der Jahreszeit – Kürbissuppe

Kürbis in kleine Spalten schneiden, vom Fruchtfleisch befreien, schälen und in kleine Stücke schneiden. Die Stückchen in einer weiten Pfanne* in Butter oder Öl leicht anbraten, mit Kräutersalz würzen und mit etwas heißem Wasser angießen. Gemüsebrühe einrühren und ein wenig köcheln lassen. In einen Kochtopf umfüllen, Wasser zugeben, bis das Kochgut bedeckt ist und etwa 30 Minuten lang kochen lassen. Mit dem Passierstab fein pürieren, mit etwas Muskat abschmecken und mit einem Schuss Milch verfeinern. Frische Kräuter nach Geschmack mit auf den Teller geben.

(* Zunächst benutzen wir eine weite Pfanne, da so die Kinder den Kochvorgang besser beobachten können. Zum Fertigkochen füllen wir die Speise in einen passenden Kochtopf mit Deckel um.)

Apfelmus

Bio-Äpfel waschen, vierteln, vom Kernhaus befreien und in kleine Stücke schneiden, in einen Kochtopf geben, mit Zitronensaft beträufeln und mit wenig Wasser unter ständigem Rühren weich kochen. Das gekochte Obst samt dem Kochwasser nach und nach über einer Glasschüssel durch die „Flotte Lotte" (Passiermühle) mit feinem Einsatz drehen, zwischendurch bei Bedarf die ausgepressten Schalen und Spelzen ausleeren.
Das Apfelmus kann frisch als Nachspeise oder Beilage zu einer Süßspeise genossen werden.

Mais in Butter

Junge Bio-Maiskolben im Ganzen in leicht gesalzenem Wasser bissfest kochen (ca. 20 min), abkühlen lassen und ausspülen. (Maiskolben gibt es auch bereits vorgegart zu kaufen.) Die Körner in Butter schwenken und als Zwischenmahlzeit oder Beilage servieren.
Bereitet man eine große Menge Mais in Butter zu, kann man – möglichst von den Kindern unbemerkt – auf Dosen- oder Tiefkühlgemüse zurückgreifen.

Praxisimpuls:
Wir schneiden für jedes Kind ein Stück von den gekochten Kolben ab. Die Kinder versuchen die Maiskörner herauszupulen, mit den Fingern und direkt mit den Zähnen. Das ist spannend und den Kindern erschließt sich, wie die schmackhaften Maiskörner wachsen und geerntet werden.

Karotten-Apfel-Rohkost

Karotten schälen und mit der Rohkostreibe fein stifteln, Zitronensaft, Kräutersalz und eine Prise Zucker zugeben, Äpfel schälen, Spalten fein reiben (oder stifteln) und sofort unter die marinierten Karotten mischen, einen Schuss hochwertiges Sonnenblumenöl darüber geben und nach Geschmack mit Sonnenblumenkernen bestreuen.

Vogelfutter

Eine Nachspeise oder Zwischenmahlzeit, so einfach, wie für die Vögel in der Natur: Eine Mischung aus Bio-Sonnenblumen-, Kürbis- und Pinienkernen auf den Tisch streuen. Die Kinder picken sich die Körner mit den Fingern oder einem angefeuchteten Finger auf und nehmen auch gerne einmal direkt die Zunge zu Hilfe. Piep, piep!

Und für den herbstlichen Durst: Apfel-Joghurt-Shake

Apfelmus und Vanillejoghurt miteinander verquirlen, wenn nötig mit etwas Milch verdünnen und in Henkelgläser füllen. Dicke Strohhalme kürzen und in das Getränk geben. Mit dem Strohhalm trinken macht Spaß, der Apfel-Joghurt-Shake schmeckt aber auch köstlich direkt aus dem Glas.

Kinderbackstube im Herbst

Apfelkuchen mit Teigdeckel

Mürbeteig herstellen aus:
300 g Mehl, 200 g Butter oder Margarine (kalt), 100 g Zucker, 1 Ei, 2 gestrichener Teelöffel Backpulver, 1 P. Vanillezucker

Für die Füllung:
4 mittelgroße Äpfel
Rosinen, nach Geschmack in Milch eingeweicht
eine Prise Zimt nach Geschmack

Mehl und Backpulver und Zucker auf einem Arbeitsbrett mischen, in der Mitte eine kleine Mulde formen, klein geschnittene Butter oder Margarine auf dem Mehlgemisch verteilen, das Ei in die Mulde geben und mit der Gabel verrühren – alles rasch gut verkneten, die Teigmenge teilen (1/3 und 2/3) und mindestens eine Stunde kaltstellen.
Den kalten Teig (2/3) in einer Springform flachdrücken, seitlich einen etwa 2 cm hohen Rand formen. Mit geschälten und klein geschnittenen Äpfeln füllen und die in Milch eingeweichten Rosinen untermischen.
Für den Deckel den restlichen kalten Teig (1/3) auf etwas Mehl oder zwischen Frischhaltefolie rund ausrollen und auf die Apfelfüllung legen. Teigdeckel und Rand rundherum mit einer Gabel zusammendrücken und mit der Gabel mehrmals in den Teigdeckel stechen. Bei Mittelhitze (180–200° C) goldbraun backen (25 bis 30 min). Wird der Rand braun, ist der Apfelkuchen fertig. Den Kuchen abkühlen lassen, nach Geschmack mit Puderzucker bestäuben und möglichst frisch verzehren.

Apfelstrudel

Strudelteig* auf einem sauberen Küchentuch (oder auf Backpapier) auslegen, ca. 4 feste Äpfel schälen, Apfelspalten in dünne Scheiben schneiden und mit Zitronensaft beträufeln, nach Geschmack in Milch eingeweichte Rosinen und Mandelblättchen zugeben, etwas Zucker darüber streuen, den Teig an den Seiten etwas umschlagen und mit Hilfe des Küchentuchs locker zusammenrollen. Den Strudel dabei nicht ganz vom Tuch herunterrollen, sondern mit Hilfe des Tuchs in eine gebutterte Reine legen. Mit Butter bepinseln und bei Mittelhitze (180–200° C) goldgelb backen (ca. 40 min). Abkühlen lassen und mit Puderzucker bestäuben. Am besten schmeckt der Apfelstrudel lauwarm mit Vanillesoße. (* Für alle, die in der Herstellung von Strudelteig unerfahren sind, gibt es ihn in guter Qualität auch fertig zu kaufen.)

Nusswaffeln

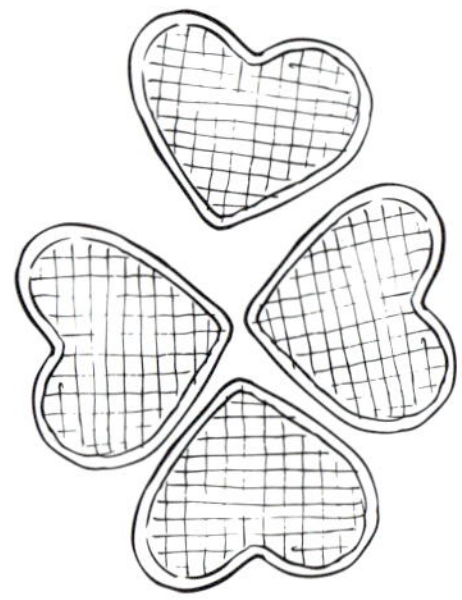

Waffelteig herstellen aus:
250 g Butter (zimmerwarm), 175 g Zucker, abgeriebene Schale einer Biozitrone, 4 Eier, 175 g Mehl, 1 gestrichener Teelöffel Backpulver, 100 g fein gemahlene Haselnüsse

Butter sehr schaumig rühren, Zucker, Zitronenschale und Eier hinzufügen und weiterschlagen, bis eine gleichmäßig cremige Teigmasse entstanden ist. Mehl, Backpulver und Haselnüsse vermischen und sorgfältig in den Teig einrühren. Das Waffeleisen erhitzen, die Backflächen mit Butter bepinseln und den Teig zu leckeren Waffeln verarbeiten. Nach Geschmack mit Zimt und Zucker bestreuen und noch lauwarm genießen.

Praxisimpuls:
Zur Vorbereitung sammeln, knacken und schälen wir mit den Kindern ein paar Haselnüsse. Mit einer Handmühle können diese fein gemahlen werden. Verfügen wir nicht über dieses Gerät, schneiden wir die Nusskerne auf einem Brett mit einem scharfen Messer vorsichtig in Viertel und zerdrücken diese mit dem Messerrücken. So erfahren die Kinder, woher die Nüsse kommen und wie gemahlene Nüsse als Backzutat entstehen.

In der Küche mit kleinen Kindern

Gute Planung ist beim gemeinsamen Kochen und Backen mit Ein- bis Dreijährigen von besonderer Bedeutung. Wir können die Kinder kaum allein lassen, um beispielsweise noch eine fehlende Zutat herbeizuholen. Auch ist die Aufmerksamkeitsdauer der Ein- bis Dreijährigen begrenzt. Durch gute Vorbereitung verkürzt sich die Beschäftigungsdauer. Der Arbeitsablauf wird flüssig und damit gut nachvollziehbar. Die Kinder bleiben mit ihrer Aufmerksamkeit bei der Sache und wir gewährleisten unsere permanente Präsenz und Zuwendung.
Trotz sorgfältiger Vorarbeit ist es ideal, wenn eine weitere Kollegin bei Bedarf im Hintergrund assistiert.

- Einfache, gut funktionierende Back- und Kochrezepte wählen. Unbedingt vorher ausprobieren!
- Zutaten von guter Qualität kaufen. (Eier frisch und aus dem Bioladen!)
- Sämtliche Zutaten und Gerätschaften (Rührschüssel, Schneebesen, Teigschaber ...) bereitstellen.
- Zutaten vorher abwiegen und jeweils in Schälchen füllen.
- Besondere Vorsicht mit rohen Eiern (Salmonellengefahr)!

- Arbeitsablauf gut und vorausschauend planen.
- Eine sichere Abstellmöglichkeit für nicht mehr benötigtes Gerät vorbereiten.
- Separater Arbeitsplatz, für Kinder räumlich klar erkennbar.
- Eventuell Schürzen für die Kinder bereithalten.
- Eine transportable Einzelkochplatte erleichtert die Beobachtung. (Vorsicht bei der Kabelführung!)
- Zahlenmäßige Beschränkung der Mithelfer, empfohlen sind 3 bis 4 Kinder. Es wird öfter gekocht und gebacken, so dass alle einmal an die Reihe kommen können.

Kleines Herbstfest

Nachdem unsere Kinder die goldenen und die stürmischen Seiten des Herbstwetters genossen haben und Kastanien sowie getrocknete Blätter zuhauf gesammelt und „verbastelt“ haben, gesellt sich zu den Freuden der Jahreszeit als gemeinsam begangener Höhepunkt noch unser kleines Herbstfest.

Erntedank ist unbestritten *das* klassische Herbstfest. Man besinnt sich auf das Glück, sein „tägliches Brot“ genießen zu dürfen und darauf, dass das keineswegs selbstverständlich ist. Die Menschen danken Gott und der Natur für Sonne, Wind und Regen, für die reiche Ernte und sie bitten auch für das kommende Jahr um Entesegen. Das Erntedankfest befasst sich mit dem großen Thema vom Geben und Nehmen, vom Versorgt- und Aufgehobensein von und in der Natur.

Schon kleinen Kindern kann man dieses schöne und bedeutsame Jahreszeitfest vermitteln, wenn auch nicht in seiner ganzen, komplexen Dimension. Das Thema lässt sich wunderbar reduzieren, indem wir mit den Kindern etwa ein kleines Kürbis- oder Apfelfest feiern. Entscheidend dabei wird immer sein, dass die Kinder schon in der Festvorbereitung etwas mit dem Thema zu tun haben und so eine innere Verbindung zum Festgeschehen aufbauen können. Der tiefere Festgedanke klingt an im achtsamen Umgang mit der Ernte und den daraus entstandenen Speisen und muss nicht explizit benannt und „erklärt" werden. Viel wichtiger ist, den Kindern ein echtes und damit tiefes Erlebnis rund um Herbst und Erntesegen zu vermitteln.

Zeitpunkt und Dauer

In Anlehnung an das „offizielle" Erntedankfest wäre Anfang bis Mitte Oktober ein günstiger Zeitraum für unser kleines Herbstfest. Denn ab Ende Oktober laufen ja bereits die Vorbereitungen für das St. Martinsfest mit seinem Laternenglanz an und nehmen die ganze Aufmerksamkeit der Kinder und erwachsenen Begleiter in Anspruch.
Sind die Eltern zum Fest mit eingeladen, ist ein Nachmittag oder der frühe Abend für die Veranstaltung zu empfehlen. Zwei Stunden sind etwa für die Festdurchführung einzuplanen. Feiern wir dagegen allein mit den Kindern, lässt sich das Fest in den normalen Tagesablauf integrieren und kann von der Dauer her flexibel gehandhabt werden.

Herbstliche Festdekoration

Vielleicht haben wir Glück und am geplanten Tag für unser Herbstfest scheint die Sonne noch warm, so dass wir draußen feiern können. Der Herbst selbst sorgt in diesem Fall für die beste Festdekoration. Lassen die Witterung und die Temperaturen dies nicht zu, schmücken wir den Raum und vor allem die Festtafel mit getrockneten Blättern, Kastanien und mit Kerzen in ausgehöhlten und mit hübschen Mustern eingeschnittenen Kleinkürbissen – Äpfel und Birnen verschiedener Sorten sollten auch nicht fehlen. Alles wird schön angeordnet und Servietten mit Herbstmotiven dienen als Platzdeckchen. Das Fest kann beginnen.

Festmahl und Dank

Neben allem Herbst- und Blätterzauber sollte bei unserem Fest auch die inhaltliche Ebene nicht fehlen – der Dank für die überreichen Gaben der Natur. Diese „höhere Dimension" wurde schon in der Vorbereitung altersgemäß vermittelt und so flechten wir sie auch beim Fest wieder ein, ohne das Thema zu überdehnen.

Bevor wir mit dem Essen und Trinken beginnen, lassen wir die Gesellschaft ein wenig zur Ruhe kommen und erzählen kurz von den Erlebnissen und Beobachtungen der Kinder während der vergangenen Wochen im Herbst. Wir erinnern dabei an die selbst gesammelten Naturmaterialen und weisen auf all den gebastelten Jahreszeitenschmuck hin. Wir nehmen die Kinder immer wieder mit hinein und lassen so das Erlebte noch einmal lebendig werden. Nun reichen sich alle großen und kleinen Festgäste ringsum die Hände und wir sprechen ein kleines Gebet oder einen Dankspruch. Danach lassen wir uns gemeinsam das herbstliche Festmahl aus Apfelsaft und Apfelkuchen, Kürbissuppe und heißen Maroni schmecken.

Dankgebete

Lieber Gott,
mit Regen, Wind und Sonnenschein
lässt du den Garten sprießen.
Wir dürfen all dein leckeres Obst
und gutes Gemüse genießen.
Lieber Gott, wir freuen uns,
dass wir zu essen haben.
Lieber Gott, wir danken dir
für deine guten Gaben.

Monika Lehner

Für dich und für mich ist der Tisch gedeckt,
hab Dank, lieber Gott, dass es uns jetzt schmeckt.

überliefert

Herbstdank

Kürbis, Karotten
und gute Kartoffeln
schenkt uns die Erde.
Äpfel und Birnen
schenkt uns der Baum.
Wir danken dir, liebe Erde.
Wir danken dir, lieber Baum.

Monika Lehner

Kleines Herbsttheater

Alle fühlen sich wohl beim gemeinsamen Feiern, Essen und Plaudern. Jetzt fehlt nur noch eine überraschende Einlage als Höhepunkt. Die Kinder sammeln sich im Kreis und auch die Eltern schauen gespannt zu, wenn es heißt: Bühne frei für unser kleines Herbsttheater!

Kürbistheater

Vorbereitung:
Einen kleineren Kürbis oben ringsherum aufschneiden, aushöhlen, befüllen und mit dem „Deckel" wieder verschließen (zum Befüllen eignen sich Nüsse, Kastanien oder Kirschen aus Fruchtgummi), den Kürbis unter einer gebauschten Decke im Kreis verstecken, die Decke bildet die „Bühne".

Wir stellen mit unserem Körper den Kürbissamen, das Sprießen und Wachsen der Pflanze sowie der Frucht dar und begleiten das Geschehen mit einfachen klaren Worten:

- Die Darstellerin liegt mit angewinkelten Beinen auf der Decke, die Arme umschlingen die Beine.
- Ein Arm löst sich langsam und der Zeigefinger der Hand reckt sich umher, vorsichtig um sich blickend.
- Der Arm wächst mit gestrecktem Zeigefinger ganz nach oben.
- Nach und nach löst sich der zweite Arm und schließlich der ganze Körper und die Darstellerin steht auf.
- Arme, Beine und Kopf wiegen und schlingen sich wie Stängel und Blätter einer Pflanze.

- Zeigefinger und Daumen einer Hand schließen sich zum Kreis und deuten einen kleinen Kürbis an.
- Die Frucht wächst immer größer, füllt eine Hand, dann beide und kann zum Schluss nur noch mit beiden Armen umfangen werden ... an die Kinder gewandt: „Ob man den Riesenkürbis wohl noch heben kann?“
- Dann wird die Decke gelüftet und der kleine Kürbis wird unter großer Kraftanstrengung und mit lautem Stöhnen hochgehoben.
- Überrascht heben wir den Deckel auf und verschließen ihn nach einem kurzen Blick mit gespieltem Schreck wieder.
- Erneut heben wir den Deckel an und zeigen den Kürbis samt Inhalt reihum, zum Abschluss darf jedes Kind eine kleine Gabe herausnehmen.

Der spendable Apfelbaum

Material:
Ein Weidenkorb, bis auf halbe Höhe angefüllt mit Äpfeln (der Anzahl der Kinder entsprechend), das Obst ist mit einer Decke oder trockenem Laub vollständig abgedeckt.

Die Darstellerin sitzt zusammengeduckt in der Mitte des Kreises. Langsam „wächst“ sie zu einem stattlichen Baum heran. Der Körper streckt sich als Baumstamm, die Arme bilden die Zweige und die Füße die Wurzeln. Der Baum steht still und schwankt im Wind, streckt seine Zweige der Sonne entgegen und lässt sie traurig im Regen hängen. Bald kommt jedoch die Sonne zurück und der Baum entdeckt viele reife Äpfel in seinem Geäst. Eine Hand deutet voll überraschter Freude

hierhin und dorthin. Da sieht der Baum die vielen Kinder um sich sitzen. Er fragt ein jedes nach seinem Namen. Der Baum überlegt, ob die Kinder sich wohl über Äpfel freuen würden? Ganz bestimmt! So pflückt der Baum (pantomimisch!) aus seinen Ästen viele Äpfel und findet immer wieder einen zwischen den Blättern versteckt. Er wirft sie nacheinander in den bereitgestellten Korb. Dabei muss er gut zielen und fällt ein Apfel neben den Korb, muss er sich bücken und das verlorene Obst einsammeln.
Wenn alle Äpfel gepflückt sind, bückt der Baum sich schließlich und nimmt den Korb an sich ... und siehe da, es sind wirkliche Äpfel darin! Nun bekommt jedes Kind persönlich eine Frucht von dem spendablen Apfelbaum überreicht. Die Kinder freuen sich und das macht auch den Baum sehr glücklich!

Abschluss und Übergang

Wie jedes Fest ein Ende hat, so wird auch der Herbst bald zu Ende gehen. Langsam wird es immer kälter und die Tage werden noch kürzer. Jeder Jahreszeit geht eine andere voraus. Jeder Jahreszeit folgt eine andere nach. Bald kommt der Winter. Doch die Samen der Herbstfrüchte tragen das nächste Jahr schon in sich. Mit dieser Gewissheit fügen wir uns ein in den ewigen Kreislauf der Jahreszeiten. So freudig wir den Herbst mit den kleinen Kindern begrüßt und genossen haben, so gerne verabschieden wir ihn auch wieder und freuen uns auf die kommende Zeit.

Kleine Kinder erleben Feste und Bräuche

Die Bücher der Reihe „Kleine Kinder feiern Feste“ bieten altersgemäße Angebote, lustige Spiele, fröhliche Lieder und viele Ideen zum Basteln, damit sich Kinder in Krippen und Eltern-Kind-Gruppen dem Kerngedanken der Feste und Bräuche nähern können.

Dazu erhältlich: Bildkarten für unser Erzähltheater „Kamishibai“ inklusive praktischer Bildübersicht und Textvorlage. Dank der DIN-A3-großen und deutlich gezeichneten Illustrationen eignen sich die 12-teiligen Bildfolgen besonders für den Einsatz in Krippe, Kindergarten, Eltern-Kind-Gruppe und Kinderkirche.

ISBN 978-3-7698-1903-8

EAN 426017951 063 2

ISBN 978-3-7698-1904-5

EAN 426017951 064 9

www.donbosco-medien.de

ISBN 978-3-7698-1877-2

EAN 426017951 052 6

ISBN 978-3-7698-1878-9

EAN 426017951 053 3

ISBN 978-3-7698-1879-6

EAN 426017951 058 8

Zur Autorin

Monika Lehner, Erzieherin, seit über 25 Jahren in der Betreuung Ein- bis Dreijähriger tätig, leitet eine kommunale Kinderkrippe in der Nähe von München und gibt Fortbildung für Krippenpädagoginnen.